イザというとき「頼り」になる本

お客様や大切な人に不幸があったときの手続きと対応方法

著者代表
KAI法律事務所代表・弁護士
奈良恒則

税理士法人JPコンサルタンツ
株式会社JP不動産鑑定
税理士・不動産鑑定士
佐藤健一

近代セールス社

はじめに

　本書は、金融機関の営業職員が顧客や見込み顧客先で、相続に関する話を見聞きした際に的確なアドバイスができるようにするために作成したものです。

　相続に関する相談は、身近な人が亡くなった瞬間から発生します。相談は習俗に関するもの、法律に関するもの、税務に関するもの、諸手続きに関するものなど多岐にわたります。親しい人が亡くなったときは、少なからず混乱します。このとき、必要なアドバイスができれば、どれほど助けになるでしょう。またアドバイスを受けた人はアドバイスをしてくれた人に感謝し、そこから話が広がり営業などにプラスに働くのではないでしょうか。

　しかし、的確なアドバイスをするための知識を得るのは大変です。本書は、必要なアドバイスのエッセンスを分かりやすく解説したものです。

　本書を、相続相談のハンドブックとしてお持ちになり、活用していただければ著者としてこの上ない喜びです。

2019 年 3 月

著者代表

KAI 法律事務所　弁護士　奈良恒則

目　次

はじめに … 3　　プロローグ … 8

第1部　大切な人の不幸があったときにすべき手続き

第1章　亡くなった直後に行う手続き等 … 12
1. 死亡届の提出 … 12
2. 火葬許可申請 … 13
3. 葬儀から納骨まで … 16
4. 年金受給の停止 … 20
5. 健康保険の資格喪失 … 20
6. 世帯主の変更 … 23

第2章　亡くなったあと速やかに行う手続き … 25
1. 税務関係 … 25
2. 名義変更等 … 28
3. 住宅ローンがある場合の手続き … 37
4. 生命保険金の請求 … 39
5. 高額療養費制度の申請 … 41
6. 葬祭費・埋葬料の支給申請 … 44
7. 児童扶養手当の支給申請 … 45
8. 旧姓に戻したいとき … 47
9. 姻族関係を終了させたいとき … 49

第2部　年金に関する手続き

第1章　未支給年金の請求 … 52
1. 未支給年金とは … 52
2. 未支給年金の受給資格者 … 54
3. 必要書類 … 55

第2章　遺族年金の請求 … 56
1. 遺族年金とは … 56
2. 遺族基礎年金 … 57
3. 遺族厚生年金 … 59
4. 死亡一時金 … 61

第3部　相続の流れと相続の基礎知識

第1章　相続の流れ … 64

1.　相続の全体の流れ … 64
2.　何を行えばいいのか … 65

第2章　相続の仕組み … 68

1.　相続とは何か … 68
2.　相続の基本ルール（遺言書と民法に従った相続）… 68
3.　遺産をどのように相続するか … 75

第3章　相続する財産について … 79

1.　相続する財産 … 79
2.　相続しない財産 … 79
3.　相続財産の調査方法 … 80

第4章　遺言書がない場合の相続 … 84

1.　誰が相続人かを確認する … 84
2.　相続できない相続人 … 86
3.　相続人がいない場合 … 87
4.　戸籍の集め方 … 88
5.　法定相続情報証明制度 … 94
6.　特別受益と寄与分 … 97

第5章　遺言書がない場合の遺産の分け方 … 101

1.　遺産分割の方法 … 101
2.　遺産分割の手続き … 103
3.　遺言書があっても遺産分割協議で分けられるのか … 104
4.　相続人の中に認知症の疑いがある者がいる場合 … 105
5.　相続人の中に未成年者がいる場合 … 106

第6章　遺言書がある場合の遺産の分け方 … 108

1.　遺言の限界 … 108

第4部　相続税の申告・納税

第1章　相続税の基本 … 112

1.　相続税とは … 112
2.　相続税の計算の流れ … 115

第2章　相続税がかかる財産とかからない財産 … 117

1.　相続税がかかる財産 … 117
2.　相続税がかからない財産（非課税財産）… 117

第3章　相続財産の評価 … 120

1.　財産の評価はどのように行うか … 120
2.　土地の評価方法 … 121

3. 倍率方式による土地評価 … 122
4. 路線価方式による土地評価① … 123
5. 路線価方式による土地評価② … 124
6. 路線価方式による土地評価③（中間画地） … 128
7. 路線価方式による土地評価④（角地） … 130
8. 路線価方式による土地評価⑤（不整形地） … 132

第4章　土地の計算方法 … 136
1. 貸している宅地などの評価 … 136
2. 小規模宅地等の特例 … 138
3. 小規模宅地等の特例の適用要件（特定居住用宅地等） … 141

第5章　株式の評価方法 … 144
1. 上場株式の評価 … 144
2. 非上場株式の評価 … 145

第6章　みなし相続財産・債務控除・生前贈与加算 … 149
1. みなし相続財産とは … 149
2. 債務および葬式費用 … 151
3. 生前贈与財産 … 153

第7章　相続税額の計算方法 … 155
1. 基礎控除額および法定相続人の数 … 155
2. 相続税の総額および各相続人の相続税額 … 157

第8章　相続税の税額控除 … 160
1. 贈与税額控除 … 160
2. 配偶者の税額軽減 … 160
3. 未成年者控除 … 162
4. 障害者控除 … 163
5. 相次相続控除 … 163
6. 外国税額控除 … 164

第9章　贈与および贈与税 … 166
1. 贈与税とは … 166
2. 贈与税の計算 … 168

第5部　生前の相続対策

第1章　遺言書の作成 … 172
1. 遺言書作成 … 172
2. 遺言書を作成すべきケース … 172
3. 自筆証書遺言作成のポイント … 174

第2章　生命保険の活用 … 176
1. 遺産分割対策 … 176
2. 相続放棄への対策 … 177
3. 生命保険の非課税枠の活用 … 177

第3章　信託の活用 … 178
1. 信託とは … 178
2. 認知症対策としても有効 … 178
3. 跡継ぎ遺贈 … 179
4. 信託を検討する際の注意点 … 180

第4章　成年後見制度の活用 … 181
1. 不当な財産の減少を防ぐ … 181
2. 副次的な効果 … 182

第6部　経営者が万が一の場合 何をすればいいのか

第1章　法人経営者が亡くなった場合 … 184
1. 経営者が亡くなった際の登記手続き … 184
2. 相続株式の議決権行使 … 187

第2章　〈事例〉経営者が亡くなった場合の相続 … 189
1. X社の株式 … 190
2. 本社の不動産（土地および建物） … 191
3. 本社の賃料債権90万円 … 192
4. 貸付金1,500万円 … 192
5. 具体的な相続対策 … 193

第7部　金融機関としての対応と手続き

1. 預金者の死亡を確認したら … 196
2. 取引履歴開示請求 … 197
3. 相続手続きの説明 … 198
4. 遺産分割前の預貯金の払戻し … 198
5. 亡くなった預金者にローンが残っていたら … 199

〈参考〉
- ●自筆証書遺言の方式の緩和 … 201
- ●自筆証書遺言の保管制度 … 203
- ●相続人以外の者の貢献を考慮する制度 … 205
- ●預貯金の払戻し … 206

著者略歴 … 209

プロローグ

イザというときに頼られる人に

　大切な人が亡くなったときには、何をどのように行う必要があるのか知っていますか？

　人がお亡くなりになると一般的には葬儀を執り行いますが、葬儀は葬儀社に依頼すればサポートしてくれますので、滞りなく終えられることが多いでしょう。しかし、その後の相続手続の多くは、ご遺族が行わなければいけません。

　金融機関に勤めていると、お客様がお亡くなりになった場合に、葬儀に参列することが多いのではないでしょうか。葬儀を終えて、少し落ち着いたところで、ご遺族から資産について相続手続等の相談を持ち掛けられることもあると思います。

　ただ、預金等の対応の説明はできても、それ以外の相続手続の対応方法の説明を求められても「すぐには分からないので専担者（専門家）を連れてきます」ということで終わってしまうこともあります。

　確かに営業係や渉外担当者が相続手続を事細かに説明することは難しいと思いますが、ある程度の知識を持っていると、次のようなメリットがあります。

　相続が発生したときを想定して、そこから逆算したサービスや商品の提案ができるようになります。また、相続発生後は、お客様の抱えている不安や問題点を把握し、その解決のお手伝いをしたり、

問題解決に最適な専門家につなぐことができ、顧客満足度の向上に役立ちます。

的確なアドバイスをするための準備

的確なアドバイスをするためには、人が亡くなった後にすべき事柄について、最低限概要を押えておくことが大切です。

本書では、概要が分かるように次のような流れになっています。

第1部　大切な人の不幸があったときにすべき手続き

第2部　年金に関する手続き

第3部　相続の流れと相続の基礎知識

第4部　相続税の申告・納税

第5部　生前の相続対策

第6部　経営者が万が一の場合　何をすればいいのか

第7部　金融機関としての対応と手続き

葬儀等に関する事柄や行政上の手続きだけではなく、税金や年金、健康保険などにおいても確認事項があります。

例えば年金を受給していた人は受給停止の手続きなどをしなければ、亡くなって以降の支給分が振り込まれた場合にはそれを返さなければならなくなります。こういうことをご遺族が知らなければ、アドバイスします。

また、生前の対策として、遺言書を作成したり贈与を行ったり、あるいは生命保険や信託を活用するなどの対策を検討していただくようアドバイスすることや、実際に対策を行うお手伝いをするとよいでしょう。

そうすることで、単に預金関係の手続きを行うだけの存在だけでなく、一番頼りにしてもらえる存在になることができます。

本書を利用する上での注意点

　本書は、人がお亡くなりになったときに、ご遺族などが行う手続きの流れが分かりやすいように、なるべく詳細には踏み込まずに概要の記載にとどめています。

　ただ、実際の相続に関する手続きについては、専門的な知識が必要となることも多くありますので、自分の判断だけでアドバイスをするのではなく、専門家を活用していただくことが肝要です。法律問題全般や交渉ごとについては弁護士、税務関係については税理士、登記関係であれば司法書士に相談するとよいでしょう。

　また、本書では、各種申請書や許可証などを掲載していますが、各自治体などで様式が異なる可能性があるので、ご注意ください。

　最後に、大切な人を亡くしたご遺族とお話しする際には、ただでさえ気落ちされているご遺族に不快な思いをさせないよう、話し方やアドバイスの仕方などの対応については十分注意しましょう。

第 1 部

大切な人の不幸があった
ときにすべき手続き

　第 1 部では、大切な人に不幸があった場合、相続人・親族などが速やかに行うべき手続きについて説明しています。死亡届の提出から、各種の名義変更などいろいろとありますので、注意してください。

第1章 亡くなった直後に行う手続き等

ポイント

人が亡くなったときにはどのような手続き等が必要となるでしょうか。早急に行うべきことはなんとなく分かっていても、きちんとした流れや用意すべき必要書類等を理解していないものです。ここでは大切な人が亡くなった直後にすべき事項について説明します。

1 死亡届の提出

(1) 死亡届は誰が出すの？

大切な人に万が一のことがあり、残念ながら亡くなってしまったときには**死亡届**（A3サイズ）を届け出なければなりません。死亡届は、家族などの親族、親族以外の同居人、家主、後見人等が、亡くなったことを知った日から **7日以内**（国外で亡くなったときは、亡くなったことを知ったときから **3ヵ月以内**）に市区町村の役所に届け出ます。

届け出る役所は、①死亡者の死亡した場所、②死亡者の本籍地、③届け出を行う人の所在地、この3つのうちいずれかの市区町村の役所となります。届け出た人の所在地などで、受付は原則として365日何時でも受け付けてくれます（営業時間外は休日夜間届出窓口等）。

家族等親族、家族以外の同居人、家主等		市区町村役所等に提出（365日何時でも受付OK）

(2) 死亡届には死亡診断書（死体検案書）もついている

死亡届の様式は図表1（14頁）のように、左半分が死亡届、右半分が**死亡診断書（死体検案書）**になっています。

死亡届は自分で勝手に記載して提出することはできません。左側の死亡届そのものは届け出る人が記載しますが、右側の死亡診断書または死体検案書は医師に作成してもらわなければなりません。なお、発行には

第1部　大切な人の不幸があったときにすべき手続き

料金基準はなく 3,000 円〜 1 万円程度の費用がかかります。

　死亡診断書（死体検案書）は、以後他の手続きにおいても提出を求められることがありますので、届出をする前にコピーを複数枚とっておくと便利です。

　死亡診断書（死体検案書）の様式は、通常医師が持っていることが多いですが、医師が持っていない場合には役所の窓口でもらいます。

2　火葬許可申請

(1) 火葬許可申請

　一般的にご遺体は火葬し墓地に埋葬します。

　火葬する場合、勝手に火葬場にご遺体を持ち込めるわけではなく、火葬許可証（埋火葬許可証としているところもある）を得てからでなければなりません。

　火葬許可証を得るには、原則として死亡届と同時に火葬許可申請書（死体埋火葬許可申請書となっているところもある）を役所の窓口に提出して行います。火葬許可申請書は市区町村の役所の窓口にあるので、死亡届を窓口に提出した際に記入して提出するようにします。それら窓口では、死亡届と一緒に火葬許可申請書も記入して提出するよう説明してくれることもあります。

　火葬許可申請書には火葬を行う火葬場を記載する欄があるため、あらかじめ火葬場を決めておくとスムーズに申請が行えます。

　なお、以前、火葬場は、友引は休みというところも多かったのですが、最近は友引でも稼働しているところが増えてきていますので、友引に稼働する・しないを確かめて日程調整を行うようにします。

図表1 死亡届の書式（A3サイズ）

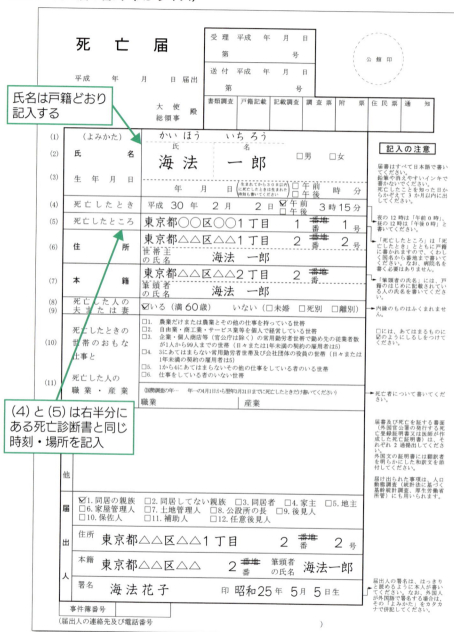

第1部　大切な人の不幸があったときにすべき手続き

亡くなった直後に行う手続き等
亡くなったあと速やかに行う手続き

死亡診断書（死体検案書）

死亡を診断した医師が日本語で記入することができるときは、下記の欄を使用しても差し支えありません。
この死亡診断書（死体検案書）は、我が国の死因統計作成の資料として用いられます。かい書で、できるだけ詳しく書いてください。

記入の注意

氏　名	海法 一郎	1男 2女	生年月日	明治 昭和 大正 平成　23 年 1 月 1 日　生まれてから30日以内に死亡したとき は生まれた時刻も書いてください　午前・午後　　時　　分	

生年月日が不詳の場合は、推定年齢をカッコを付して書いてください。

夜の12時は「午前0時」、昼の12時は「午後0時」と書いてください。

死亡したとき 平成 30 年 2 月 2 日 午前・午後 3 時 15 分

（12）**死亡したところ及びその種別**

死亡したところの種別 1病院 2診療所 3介護老人保健施設 4助産所 5老人ホーム 6自宅 7その他

「老人ホーム」は、養護老人ホーム、特別養護老人ホーム、軽費老人ホーム及び有料老人ホームをいいます。

（13）死亡したところ 東京都○○区○○1丁目 1番1号
（死亡したところの種別1～5）施設の名称 ○○病院

死亡の原因

◆Ⅰ欄、Ⅱ欄ともに疾患の終末期の状態としての心不全、呼吸不全等は書かないでください

◆Ⅰ欄では、最も死亡に影響を与えた傷病名を医学的因果関係の順番で書いてください

◆Ⅰ欄の傷病名の記載は各欄一つにしてください

ただし、欄が不足する場合は（エ）欄に残りを医学的因果関係の順番で書いてください

			発病（発症）又は受傷から死亡までの期間
Ⅰ	（ア）直接死因	心筋梗塞	10時間
	（イ）（ア）の原因	動脈硬化症	6ヵ月
	（ウ）（イ）の原因		
	（エ）（ウ）の原因		

◆年、月、日等の単位で書いてください

ただし、1日未満の場合は、時、分等の単位で書いてください
（例：1年3ヵ月、5時間20分）

| Ⅱ | 直接には死因に関係しないがⅠ欄の傷病経過に影響を及ぼした傷病名等 | |

（14）

手術	1無 2有	部位及び主要所見	手術年月日	平成 昭和　年 月 日
解剖	1無 2有	主要所見		

傷病名等は、日本語で書いてください。

Ⅰ欄では、各傷病について発病の型（例：急性）、病因（例：病原体名）、部位（例：胃噴門部がん）、性状（例：病理組織型）等もできるだけ書いてください。

妊娠中の死亡の場合は「妊娠満何週」、また、分娩中の死亡の場合は「妊娠満何週の分娩中」と書いてください。

産後42日未満の死亡の場合は「妊娠満何週産後満何日」と書いてください。

Ⅰ欄及びⅡ欄に関係した手術について、術式又はその診断名と関連のある所見等を書いてください。紹介状や伝聞等による情報についてもカッコを付して書いてください。

（15）**死因の種類**

1病死及び自然死
不慮の外因死 2交通事故 3転倒・転落 4溺水 5煙、火災及び火焔による傷害 6窒息 7中毒 8その他
外因死 その他及び不詳の外因死 〔9自殺 10他殺 11その他及び不詳の外因〕
12不詳の死

「2交通事故」は、事故発生からの期間にかかわらず、その事故による死亡が該当します。

「5煙、火災及び火焔による傷害」は、火災による一酸化炭素中毒、窒息等も含まれます。

（16）**外因死の追加事項**

傷害が発生したとき	平成・昭和　年 月 日 午前・午後　時 分	傷害が発生したところ	
傷害が発生したところの種別	1住居 2工場及び建築現場 3道路 4その他（ ）		
手段及び状況			

「1住居」とは、住宅、庭等をいい、老人ホーム等の居住施設は含まれません。

傷害がどういう状況で起こったかを具体的に書いてください。

（17）**生後1年未満で病死した場合の追加事項**

| 出生時体重 グラム | 単胎・多胎の別 1単胎 2多胎（子中第 子） | 妊娠週数 満 週 |
| 妊娠・分娩時における母体の病態又は異状 1無 2有 | 母の生年月日 昭和 平成　年 月 日 | 前回までの妊娠の結果 出生児 人 死産児 胎 （妊娠満22週以後に限る） 3不詳 |

妊娠週数は、最終月経、基礎体温、超音波計測等により推定し、できるだけ正確に書いてください。

母子健康手帳等を参考に書いてください。

（18）**その他特に付言すべきことがら**

（19）

上記のとおり診断（検案）する 診断（検案）年月日 平成　年 月 日
本診断書（検案書）発行年月日 平成　年 月 日

病院、診療所若しくは介護老人保健施設等の名称及び所在地又は医師の住所 ○○病院
東京都○○区○○1丁目1番1号

（氏名） 医師 民事 太郎 印

15

図表2 火葬許可証

第　　号	死体火葬埋葬許可証			
死亡者の本籍				
死亡者の住所				
死亡者の氏名		性別	男・女	
出生年月日	年　月　日	年齢	歳	
死因	1　1類感染症等　2　その他			
死亡日時	年　月　日　午前/後　時　分			
死亡場所	市　　区			
火葬埋葬　場所	○○・×××・市外			
申請者　住所／氏名／死亡者との続柄		電話		
許可年月日	年　月　日　○○市　区長　印			
火葬日時	年　月　日　午前/後　時　分			
第　　号　上記のとおり火葬済である。	火葬管理者　印			

(2) 火葬証明書

　火葬が行われると、火葬場から**火葬証明書**（いわゆる**埋葬許可証**）が交付されます。火葬証明書を墓地の管理者に提出することにより、ご遺骨を墓地に埋葬することができるようになります。

3 葬儀から納骨まで

　葬儀について、仏式での葬儀の流れは次のようになります。

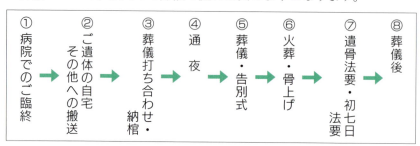

①病院でのご臨終 → ②ご遺体の自宅その他への搬送 → ③葬儀打ち合わせ・納棺 → ④通夜 → ⑤葬儀・告別式 → ⑥火葬・骨上げ → ⑦遺骨法要・初七日法要 → ⑧葬儀後

第1部　大切な人の不幸があったときにすべき手続き

① 病院でのご臨終

⑦ 医師により死亡の告知がなされます。

⑦ 病院で亡くなった場合は、看護師が死後措置と合わせて、ご遺体をアルコール等で拭くなど、清拭・身繕いをします。

② ご遺体の自宅その他への搬送

⑦ 特に遺族の要望がなければ、病院と取引のある葬儀業者が、遺族の指定する場所までご遺体を搬送します。このときひとまず納棺をする場合もあります。遺族指定の葬儀業者がある場合は、これをその業者が行い、自宅または葬儀社、斎場、火葬場などの遺体安置所などにご遺体を搬送します。

⑦ 搬送の前に、病院の精算と死亡診断書の受取りをします。亡くなってから7日以内に故人が住民登録していた役所（一般的には故人の住所地）に死亡届を提出します。そこで火葬埋葬の許可書がもらえます。

③ 葬儀の打ち合わせ・納棺

⑦ 葬儀業者と、葬儀の日時、場所、火葬場の確定、費用の見積もりなどの打ち合わせをします。葬儀にかかる費用は、葬儀業者に対する支払いだけでなく、お布施、戒名料、お車代、心づけなどお寺に関する費用もあります。葬儀業者や菩提寺と相談しましょう。

⑦ 戒名は、菩提寺やご遺族指定の寺院と相談します。お亡くなりになった人の経歴・人柄などによって戒名をつけますので、僧侶と打ち合わせをする必要があります。戒名料は一般的には30～50万円程度とされていますが、戒名によって異なる場合があり、特に統一されているわけではなく、トラブルにもなりやすいので注意が必要でしょう。

⑦ お亡くなりになった人に死装束や生前気に入っていた服装に着替えさせたり化粧などをします。葬儀業者と相談しておきます。

④ 通夜

⑦ 通夜の流れは次のようになります。

式場設営・祭壇飾り → 供花の配列 → 礼状・返礼品の確認 → 弔問客の受付 → 通夜法要 → 通夜振る舞い

④ 通夜での注意事項として供花（きょうか）があります。供花を送られた場合は、贈り主の名札の名前の「あいうえお」順で並べることが増えていますが、「喪主→親族→友人・関係者」で並べるのがいいでしょう。並べ方については親族の代表者等に相談して失礼のないように配置します。

⑤ 葬儀・告別式

⑦ 仏式の葬儀・告別式の流れは次のようになります。

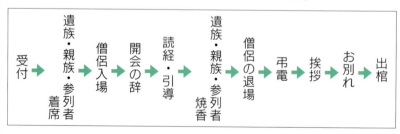

受付 → 遺族・親族・参列者着席 → 僧侶入場 → 開会の辞 → 読経・引導 → 遺族・親族・参列者焼香 → 僧侶の退場 → 弔電 → 挨拶 → お別れ → 出棺

④ 最近は葬儀と告別式が同時に行われ葬儀と告別式を同一視することがありますが、大まかに言うと、僧侶のお経が「葬儀」、弔辞や弔電、参列者の焼香が「告別式」となります。もう少し細かくい

第1部　大切な人の不幸があったときにすべき手続き

うと、葬儀は、遺族や親族が個人の冥福を祈り、成仏を願って行われる儀式であり、告別式は、故人の友人知人が最後のお別れをする儀式となります。

　告別式の終了時に、喪主または遺族代表が挨拶を行うことが一般的ですので、あらかじめ挨拶する人を決めておきます。

⑥ 火葬・骨上げ

　火葬後、近親者によって骨上げ（収骨）をします。火葬許可証に火葬後、証印が押されて埋葬許可証として返却されます。なお、火葬許可証の手配などは一般的には葬儀社に任せます。

⑦ 遺骨法要・初七日法要

　最近は、葬儀の当日に繰上げ初七日として行うことが多くなりました。繰上げ法要を終えたのちに、僧侶と参列者に精進落としをふるまいます。

⑧ 葬儀後

㋐ 自宅に祭壇を設置し、ご遺骨、白木位牌（四十九日まで。以後は本位牌）、遺影を安置します。祭壇は、四十九日の忌明け（きあけ）まで設けておきます。通夜や葬儀・告別式に参列できなかった方が弔問に見える場合はこの祭壇にお参りいただきます。

㋑ 遺骨をお墓などに埋葬するのは、お墓がある場合は四十九日までに行うのが通常です。埋葬には埋葬許可証が必要となります。

　以上が人がお亡くなりになってからの流れです。遺族等は悲しみに打ちひしがれているケースも多く、失礼のないようにしたいものです。

19

4 年金受給の停止

●年金受給権者死亡届

　高齢者がお亡くなりになった場合、公的年金（以下年金）を受給していることが多いです。年金には、ご存知のように厚生年金と国民年金がありますが、厚生年金（国民年金）を受給していた場合は、10日（国民年金は14日）以内に、年金受給権者死亡届を近くの年金事務所または事務センター（障害基礎年金、遺族基礎年金のみを受給していた場合は、市区町村の役所）に提出して、年金受給を停止する手続きが必要となります。

　日本年金機構に個人番号（マイナンバー）を提出していれば、原則として、年金受給権者死亡届の提出を省略できます。

　未支給年金がある場合には、年金受給権者死亡届の届出と併せて行うことになります。

　年金受給権者死亡届は、通常は親族が提出しますが、親族がいない場合には、親族以外の同居人、家主、後見人等が行います。

　年金受給停止の手続きが遅れたために、本来停止しなければならないにもかかわらず年金が支払われてしまった場合には、その分を返還しなければならなくなりますので注意しましょう。

5 健康保険の資格喪失

　健康保険の被保険者だった人が亡くなった場合、健康保険被保険者証（健康保険証）は死亡した日の翌日から使えなくなります。

　このときは資格喪失手続きを行い、健康保険証等を返却します。

　国民健康保険と全国健康保険協会・組合健保等では手続き等が異なりますので注意しましょう。

図表3 年金受給権者死亡届

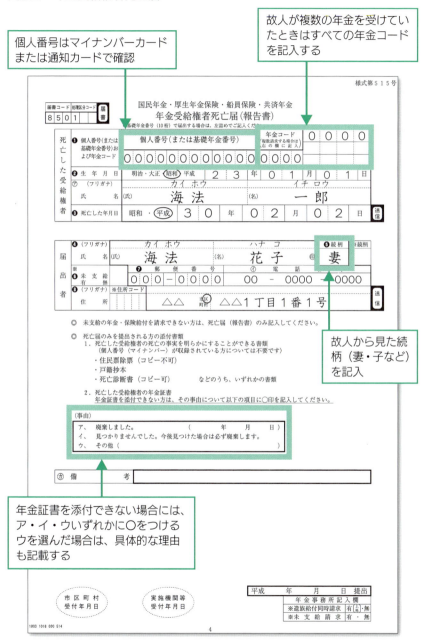

(1) 国民健康保険・後期高齢者医療制度に加入していた場合

亡くなった人が自営業者などで国民健康保険に加入していた場合には**国民健康保険被保険者資格喪失届**を、75歳以上（65歳以上75歳未満で一定程度の障害の状態にある人を含む）であった場合は**後期高齢者医療資格喪失届**を、住んでいた市区町村の役所の窓口に提出します。

死亡届を提出することにより被保険者の死亡の事実が把握でき、その時点で資格喪失となるため別途資格喪失届の届出を求めない自治体もありますので、資格喪失届の届出の要否については住んでいた市区町村に確認してください。

また、資格喪失届の提出と合わせて健康保険証等を返却します（資格喪失届の提出が不要な場合でも健康保険証等の返却は必要）。

亡くなった人が世帯主であった場合には、健康保険証に記載された世帯主を書き換えなければならないので、世帯全員の健康保険証をいった

図表4　国民健康保険被保険者資格喪失届

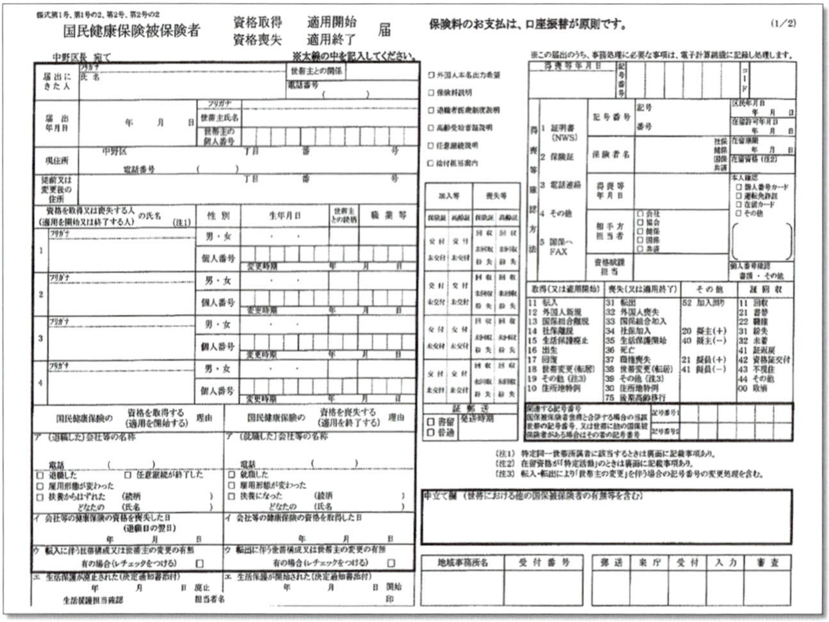
様式第1号、第1号の2、第2号、第2号の2

国民健康保険被保険者　資格取得　適用開始　届
資格喪失　適用終了

保険料のお支払は、口座振替が原則です。　(1/2)

中野区長　宛て　※太線の中を記入してください。

届出にきた人　フリガナ　氏名　世帯主との関係　電話番号

届出年月日　年　月　日　フリガナ　世帯主氏名　世帯主の個人番号

現住所　中野区　丁目　番　号　電話番号

従前又は変更後の住所　丁目　番　号

資格を取得又は喪失する人（適用を開始又は終了する人）の氏名（注1）　性別　生年月日　世帯主との続柄　職業等

1 フリガナ　男・女　個人番号　変更時期　年　月　日

2 フリガナ　男・女　個人番号　変更時期　年　月　日

3 フリガナ　男・女　個人番号　変更時期　年　月　日

4 フリガナ　男・女　個人番号　変更時期　年　月　日

国民健康保険の資格を取得する（適用を開始する）理由　国民健康保険の資格を喪失する（適用を終了する）理由

ア（退職した）会社等の名称　電話　□ 退職した　□ 任意継続が終了した　□ 雇用形態が変わった　□ 扶養からはずれた（続柄　）どなたの（氏名　）

ア（就職した）会社等の名称　電話　□ 就職した　□ 雇用形態が変わった　□ 扶養になった（続柄　）どなたの（氏名　）

イ 会社等の健康保険の資格を喪失した日（退職日の翌日）年　月　日

イ 会社等の健康保険の資格を取得した日　年　月　日

ウ 転入に伴う世帯構成又は世帯主の変更の有無　有の場合（レチェックをつける）□

ウ 転出に伴う世帯構成又は世帯主の変更の有無　有の場合（レチェックをつける）□

エ 生活保護が廃止された（決定通知書添付）年　月　日 廃止　生活保護担当確認　担当者名

エ 生活保護が開始された（決定通知書添付）年　月　日 開始　印

□ 外国人本名出力希望　□ 保険料説明　□ 退職者医療制度説明　□ 高齢受給者証説明　□ 任意継続説明　□ 給付抵減案内

加入等　喪失等　証郵送　□ 書留　□ 普通　発送時期

※この届出のうち、事務処理に必要な事項は、電子計算機に記録し処理します。

得喪等年月日　記号番号　コード

得喪等確認方法　1 証明書（NWS）　2 保険証　3 電話連絡　4 その他　5 国保へFAX

記号番号　記号　番号　保険者名　得喪等年月日　相手方担当者　□ 会社 □ 協会 □ 健保 □ 国保 □ 共済　資格確認担当

社保 健保 国保 共済　区民年月日　在留許可年月日　在留期限　在留資格（注2）　本人確認　□ 個人番号カード　□ 運転免許証　□ 在留カード　□ その他　個人番号確認　書類・その他

取得（又は適用開始）　11 転入　12 外国人新規　13 国保組合離脱　14 社保離脱　15 生活保護廃止　16 出生　17 回復　18 世帯変更（転居）　19 その他（注3）　10 住所地特例

喪失（又は適用終了）　31 転出　32 外国人喪失　33 国保組合加入　34 社保加入　35 生活保護開始　36 死亡　37 職権喪失　38 世帯変更（転居）　39 その他（注3）　30 住所地特例　75 後期高齢移行

その他　52 加入漏り　20 擬主(+)　40 擬主(−)　21 擬員(+)　41 擬員(−)

証回収　11 回収　21 書替　22 職権　31 紛失　32 未着　41 証返戻　42 資格証交付　43 不現住　44 その他　00 取消

関連する記号番号　国保被保険者世帯と合併する場合の当該世帯の記号番号、又は世帯に他の国保被保険者がある場合はその者の記号番号

(注1) 特定同一世帯所属者に該当するときは裏面に記載事項あり。
(注2) 在留資格が「特定活動」のときは裏面に記載事項あり。
(注3) 転入・転出により「世帯主の変更」を伴う場合の記号番号の変更処理を含む。

申立て欄（世帯における他の国保被保険者の有無等を含む）

地域事務所名　受付番号　郵送　案庁　受付　入力　審査

ん返却し、新しい健康保険証を発行してもらう必要があります。

```
世帯主の死亡  →  世帯全員の         →  新しい健康保険証の
                  健康保険証の返却         発行
```

（2）国民健康保険以外の健康保険に加入していた場合

会社員等で国民健康保険以外の健康保険に加入していた場合、資格喪失届は事業主が提出することになっていますので、原則として親族が届出を行う必要はありません。

健康保険証は会社を通じて全国健康保険協会（協会けんぽ）や健保組合に返却するため、会社の担当者に確認して、他に会社への返却物があればそれらと一緒に返却するようにしましょう。

（3）扶養に入っていた方の場合

亡くなった人の健康保険の扶養に入っていた人は、死亡日の翌日に健康保険の資格を喪失します。それ以降は健康保険証が使用できなくなるため、自ら国民健康保険に加入するか、会社員等である他の家族の被扶養者になる手続きを行う必要があります。

6 世帯主の変更

世帯主が亡くなり世帯員が **2 人以上**残る場合は、亡くなった日から **14 日以内**に**住民異動届**（世帯主変更届）を提出して住民票の世帯主を変更しなければなりません。

世帯員が 1 人だけ残る場合や、残された世帯員の構成が母と 15 歳未満の子というように新しい世帯主が明白な場合には世帯主変更の届出は不要です。また、亡くなった人が世帯主でなかった場合も届出は不要です。

図表５　住民異動届

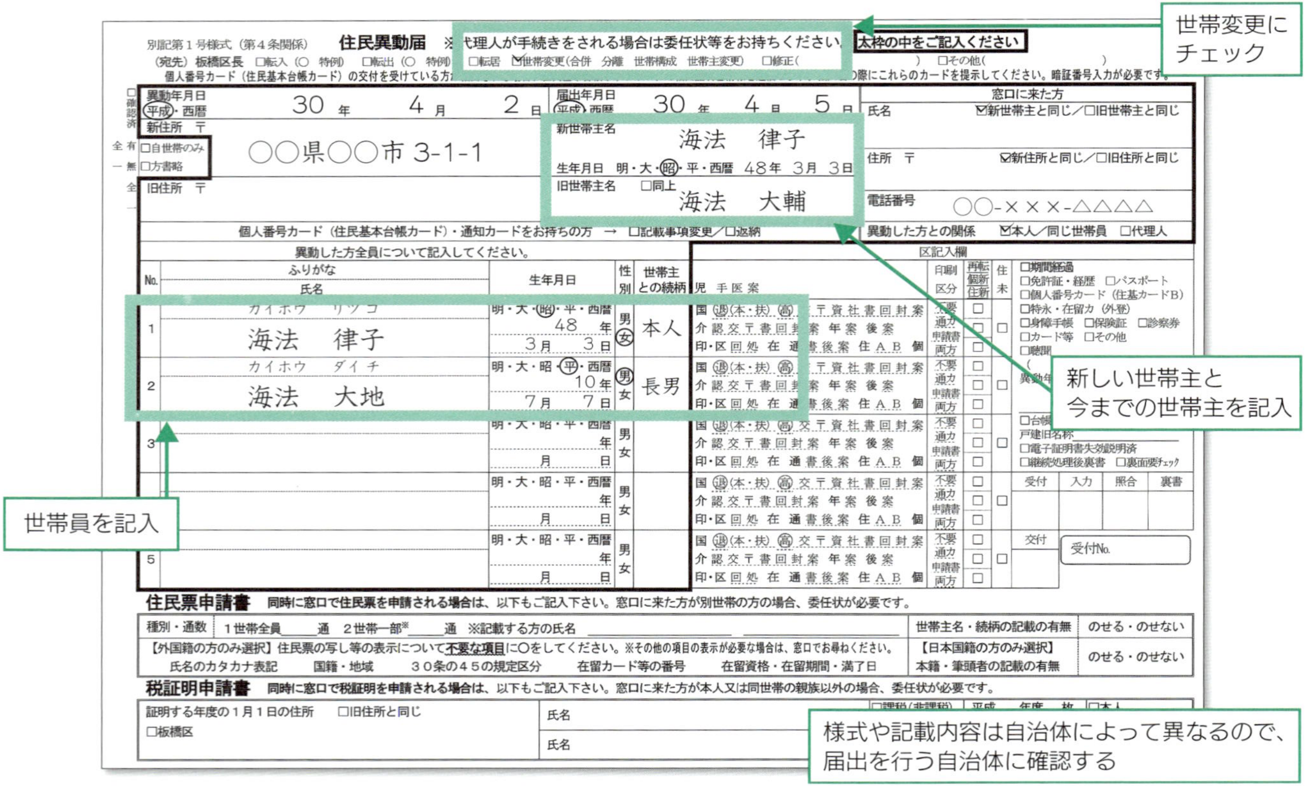
世帯変更にチェック
新しい世帯主と今までの世帯主を記入
世帯員を記入
様式や記載内容は自治体によって異なるので、届出を行う自治体に確認する
別記第１号様式（第４条関係）
住民異動届
※代理人が手続きをされる場合は委任状等をお持ちください。
太枠の中をご記入ください
（宛先）板橋区長　□転入（○　特例）　□転出（○　特例）　□転居　☑世帯変更（合併　分離　世帯構成　世帯主変更）　□修正（　　）　□その他（　　）
個人番号カード（住民基本台帳カード）の交付を受けている方…際にこれらのカードを提示してください。暗証番号入力が必要です。
異動年月日　平成・西暦　30年　4月　2日
届出年月日　平成・西暦　30年　4月　5日
新住所　〒　○○県○○市 3-1-1
□自世帯のみ
□方書略
旧住所　〒
新世帯主名　海法　律子
生年月日　明・大・昭・平・西暦　48年　3月　3日
旧世帯主名　□同上　海法　大輔
窓口に来た方
氏名　☑新世帯主と同じ／□旧世帯主と同じ
住所　〒　☑新住所と同じ／□旧住所と同じ
電話番号　○○-×××-△△△△
異動した方との関係　☑本人／同じ世帯員　□代理人
個人番号カード（住民基本台帳カード）・通知カードをお持ちの方　→　□記載事項変更／□返納
異動した方全員について記入してください。
No.　ふりがな　氏名　生年月日　性別　世帯主との続柄
1　カイホウ　リツコ　海法　律子　明・大・昭・平・西暦　48年　3月　3日　女　本人
2　カイホウ　ダイチ　海法　大地　明・大・昭・平・西暦　10年　7月　7日　男　長男
区記入欄
受付　入力　照合　裏書
交付　受付No.
住民票申請書　同時に窓口で住民票を申請される場合は、以下もご記入下さい。窓口に来た方が別世帯の方の場合、委任状が必要です。
種別・通数　１世帯全員　通　２世帯一部※　通　※記載する方の氏名
世帯主名・続柄の記載の有無　のせる・のせない
【外国籍の方のみ選択】住民票の写し等の表示について不要な項目に○をしてください。※その他の項目の表示が必要な場合は、窓口でお尋ねください。
氏名のカタカナ表記　国籍・地域　３０条の４５の規定区分　在留カード等の番号　在留資格・在留期間・満了日
【日本国籍の方のみ選択】本籍・筆頭者の記載の有無　のせる・のせない
税証明申請書　同時に窓口で税証明を申請される場合は、以下もご記入下さい。窓口に来た方が本人又は同世帯の親族以外の場合、委任状が必要です。
証明する年度の１月１日の住所　□旧住所と同じ
□板橋区
氏名
氏名

| 第2章 | # 亡くなったあと速やかに行う手続き |

> **ポイント**　税金や年金関係など適切に届け出る必要があるものはいくつもあります。第1章の手続きほど直ちに行わなければならないものではありませんが、速やかに行うべき手続きについても知っておきましょう。

1 税務関係

　個人が年間に支払う所得税などの税金について、原則としてその年1月1日から相続開始日までを一期間として、申告および納税が必要なものがあります。その税目および概要は次のとおりです。

(1) 所得税

　所得税は、原則として1月1日〜12月31日までの1年間の個人所得に対して課税される国税です。対象者がお亡くなりになったときの所得税の手続きについては、①準確定申告、②年末調整、③源泉徴収などがあります。

① 準確定申告

　一般的に所得税の確定申告は、翌年の2月15日以降に行いますが、死亡した場合には死亡時点での所得に対する申告をしなければなりません。これが**準確定申告**です。

　準確定申告が必要となるのは、故人が確定申告を行うべき人、すなわち、個人事業主等、給与収入が2,000万円以上あるサラリーマンなどとなります。つまり一般のサラリーマンは行いません。

　準確定申告は、相続人が、原則として相続の開始のあったことを知った日の翌日から**4ヵ月以内**に被相続人の所得税について確定申告をしなければなりません。

25

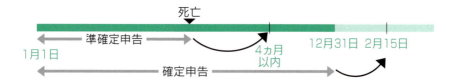

このとき**準確定申告書**を提出しますが、準確定申告書には、原則として相続人の連名による「**確定申告書付表**」を添付して、被相続人の納税地の所轄税務署へ提出します。

図表1　準確定申告に必要となる確定申告書付表

② 被相続人の年末調整

　給与所得者は一般的に確定申告を行いません。確定申告に代えて給与を支給する会社で源泉徴収されていますから、それで納税手続きは完結します。この制度を年末調整といい、通常は年末に行います。

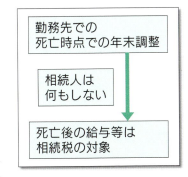

　年の途中で給与所得者が死亡により退職した場合には、亡くなった時点で年末調整を行います。この場合、死亡日までに支給期の到来している給与（未払いの給与を含む）が対象となります。

③ 相続開始後に支給期が到来する給与等に対する源泉徴収

　死亡後に支給日が到来する給与、賞与および退職金等は相続財産に該当し、相続税が課税されます。例えば7月15日に死亡した場合、7月25日に支給される給与は対象となります。

　そのため、会社では所得税を源泉徴収せずに、その全額を相続人へ支給することとなります。また、健康保険料や厚生年金保険料等は前月分までが保険料徴収の対象月となりますので控除されません。

　100万円を超える退職金の支給がある場合には、会社は、「**退職手当金等受給者別支払調書**」を作成し、税務署への届出が必要となります。税務署への届出期限は、退職金を支払った日の翌月15日です。

(2) 消費税

　自営業者などの課税事業者が死亡した場合には、その相続人は、原則として相続の開始のあったことを知った日の翌日から **4ヵ月以内** に被相続人の消費税について確定申告をし、納付しなければなりません。この場合は会社がやってくれるわけではありませんので、相続人が行います。

（3）住民税

　住民税の賦課期日を1月1日とし、前年の所得に対して課税される地方税です。そのため、相続開始日の翌年の住民税はかからないこととなります。

　例えば、7月1日に死亡した場合は、翌年1月1日には被相続人はいないわけですから住民税がかからないということになります。1月〜6月までの分の住民税も納付の必要はありません。

（4）事業税

　事業税は、一定の事業から生ずる所得に対して課税される都道府県税です。死亡により事業廃止となった場合には、その相続開始日までの所得に対して課税されます。

　通常、所得税の準確定申告を行えば、事業税の申告もしたこととなりますので、別途申告する必要はありません。

所得税	自営業者等→準確定申告 給与所得者→年末調整
消費税	自営業者等→確定申告
住民税	基本的にかからない
事業税	自営業者等→準確定申告すればOK

2　名義変更等

　相続が発生すると、各種届出や税金関係などいろいろとすべきことは多いのですが、それ以外にも様々な名義変更を行う必要が出てきます。ここでは代表的な手続きについて説明します。

（1）預金関係の名義変更

　預貯金を相続人等に移転する方法は、「解約して払戻しを受ける方法」と、「口座名義を相続人等の名義に変更する方法」という2つの方法（以

下「名義変更等」）があります。

　どちらの方法でも、原則として手続き自体は同じになります。

① 必要書類

　預貯金の名義変更等の手続きに必要な主な書類は、次のとおりとなっています。ただし、遺言のある・なしによって必要書類は変わってきますし、金融機関によっても異なるので、名義変更等をしようとする口座がある金融機関に必ず事前に確認しましょう。

⑦ 遺言がある場合

1	相続手続依頼書（各金融機関の所定の書式のもの）
2	遺言書
3	検認調書または検認済証明書（公正証書遺言以外の場合）
4	故人の戸籍謄本または全部事項証明（死亡が確認できるもの）
5	その預金を相続する人（遺言執行者がいる場合は遺言執行者）の印鑑証明書
6	遺言執行者の選任審判書謄本（裁判所で遺言執行者が選任されている場合）

④ 遺言がない場合

　ⓐ遺産分割協議書がある場合

1	相続手続依頼書（各金融機関の所定の書式のもの）
2	遺産分割協議書（法定相続人全員の署名・捺印があるもの）
3	故人の戸籍謄本または全部事項証明（出生から死亡までの連続したもの）
4	相続人全員の戸籍謄本または全部事項証明書
5	相続人全員の印鑑証明書

　ⓑ遺産分割協議書がない場合

1	相続手続依頼書（各金融機関の所定の書式のもの）
2	故人の戸籍謄本または全部事項証明（出生から死亡までの連続したもの）
3	相続人全員の戸籍謄本または全部事項証明書
4	相続人全員の印鑑証明書

ⓒ家庭裁判所による調停調書・審判書がある場合

1	相続手続依頼書（各金融機関の所定の書式のもの）
2	家庭裁判所の調停調書謄本または審判書謄本（審判書上確定表示がない場合は、さらに審判確定証明書も必要）
3	預金を相続する人の印鑑証明書

② 遺産分割前の預貯金の払戻し

　以前は、遺言がなくても故人の預貯金は法定相続分で相続人に当然に分割されると考えられていたため、遺産分割前であっても、相続人は法定相続分（例えば、配偶者と子ども1人が相続人の場合は2分の1ずつ）に相当する金額の払戻しを受けることができました。

　ところが、近時判例が変更され、遺言がないと、その預貯金は遺産分割の対象に含まれることとなり、遺産分割を経なければ払戻しを受けることができなくなっています。

　これにより、遺産分割協議が調うまでの間は、預貯金から葬儀費用を支払ったり、扶養されていた人の生活費を捻出することができなくなるという不都合が生じるようになりました。

　そこで、2018年7月に民法（相続法分野）が改正され、遺産分割前に一定額の仮払いを受けられる方法が定められました（この改正は、2019年7月1日施行予定。＜参考＞「預貯金の払戻し」(206頁参照))。

(2) 株式の名義変更

　株式は、遺言で相続する人（相続人）を指定していなければ、遺産分割が終了するまで相続人全員の準共有（権利の共有）となります。株式は法定相続分に応じて相続人に帰属するわけではないので、遺産分割協議をして誰が相続するのか決めなければなりません。遺産分割協議によって相続する人が決まったあとは、名義変更の手続きが必要です。

　取扱いについては、上場株式（証券取引所で取引できる株式）と非上場株式で異なります。

第1部　大切な人の不幸があったときにすべき手続き

上場株式	故人が証券口座を有していた証券会社を通じて行う。必要書類は証券会社に確認する。 株式をそのまま保有するのではなく売却する場合でも、故人の名義のままでは売却ができないので、いったん相続人の名義に変更する必要がある。
非上場株式	非上場株式には証券会社は関与していないので、株式発行会社に名義変更の請求をする。必要書類は会社ごと異なるので発行会社に直接確認。

　なお、上場株式の名義変更については、平成21年1月5日の株券電子化により、株式は原則として証券保管振替機構（ほふり）が管理することになっており、名義変更が完了すれば自動的に相続人の証券口座に株式が移されます。

　ほふりを通じた名義変更は、相続人が証券口座を保有していなければ名義変更の手続きが行えません。そのため、相続人が証券口座を有していない場合には、証券口座を開設する必要があります。

　相続人が故人と同一の証券会社に証券口座を保有・開設しなければならないというわけではありませんが、異なる証券会社の証券口座の場合、手数料がかかったり手続きが複雑になったりする可能性があります。

(3) 不動産の名義変更

　被相続人が不動産を所有していたときは、不動産の名義変更手続きが必要です。不動産の相続登記は、「遺産分割協議による相続登記」「遺言による相続登記」「法定相続分による相続登記」の3つに大別されます。

① 遺産分割協議による相続登記

　遺産分割協議による相続登記というのは、「相続人が複数おり」かつ「遺言による相続分の指定がない」ケースで、相続人全員が遺産分割協議をして不動産を相続した場合となります。遺産分割協議で不動産を取得することになった相続人は、相続した不動産の所有権移転登記を、単独で申請することができます（いわゆる「相続」を原因とする所有権移転登記の申請）。

ただし、一度の相続で「相続」を原因とする登記ができるのは1回限りという登記実務の運用があるため、遺産分割協議による「相続」を原因とする登記ができるのは、先に法定相続分による「相続」を原因とする登記がされていない場合に限られます。

先に法定相続分による「相続」を原因とする登記がされている場合には、遺産分割協議に基づく登記をする際の登記原因は「遺産分割」とな

図表2　登記申請書

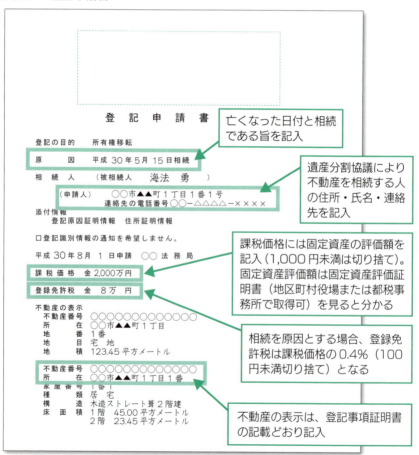

り、他の共同相続人と共同申請することになります。登記費用（登録免許税）は、不動産の課税価格の0.4%です。

必要書類の例	⑦ 故人が生まれてから亡くなるまでの戸籍・除籍・改製原戸籍謄本
	④ 相続人全員の戸籍謄本
	⑦ 遺産分割協議書（相続人全員の印鑑証明書付き）
	⑤ 不動産を取得する相続人の住民票
	⑦ 固定資産評価証明書

※ ⑦および④の戸籍謄本等については、法定相続情報一覧図の写しで代替可能。

② 遺言による登記

　遺言による登記については、遺言はその内容によって登記原因が異なることがあります。相続人に対して不動産を「相続させる」旨の遺言の場合は、登記原因は「相続」となります。

　相続人または相続人以外の者に対して不動産を「遺贈する」旨の遺言の場合は、登記原因は「遺贈」となります。ただし相続人全員に対する包括遺贈（遺産の全部または一部を一定の割合で与える旨の遺贈）の場合は、登記原因が「相続」になります

ⓐ登記原因が「相続」の場合

　不動産を相続する相続人は、単独で所有権移転登記を申請することができます。必要書類は以下のとおりです。登記費用（登録免許税）は、不動産の課税価格の0.4%になります。

必要書類の例	⑦ 遺言書（公正証書遺言以外は、裁判所で検認を受ける必要があり、検認を受けた後でなければ登記申請はできない）
	④ 故人の死亡時の戸籍謄本
	⑦ 故人の住民票の除票
	⑤ 不動産を取得する相続人の戸籍謄本
	⑦ 不動産を取得する相続人の住民票
	⑦ 固定資産評価証明書

※④および⑤の戸籍謄本等については、法定相続情報一覧図の写しで代替可能。

ⓑ登記原因が「遺贈」の場合

　遺言で遺言執行者（遺言どおり手続き等を行う人）が選任されている場合、不動産を取得する者と遺言執行者が共同して所有権移転登記を申請します。

　遺言で遺言執行者が選任されていない場合、不動産を取得する人と相続人全員が共同して所有権移転登記を申請します。

　登記費用（登録免許税）は、不動産の課税価格の2％（ただし、遺贈を受ける人が相続人の場合は0.4％）になります。

必要書類の例

遺言執行者がいる場合	⑦ 遺言書（公正証書遺言以外は、裁判所で検認を受ける必要があり、検認を受けた後でなければ登記申請はできない）
	⑦ 故人の死亡時の戸籍謄本
	⑦ 故人の住民票の除票
	⑦ 不動産を取得する人の住民票
	⑦ 遺言執行者の印鑑証明書
	⑦ 固定資産評価証明書
遺言執行者がいない場合	⑦ 遺言書（公正証書遺言以外は、裁判所で検認を受ける必要があり、検認を受けた後でなければ登記申請はできない）
	⑦ 故人が生まれてから亡くなるまでの戸籍・除籍・改製原戸籍謄本
	⑦ 故人の住民票の除票
	⑦ 不動産を取得する人の住民票
	⑦ 相続人全員の戸籍謄本
	⑦ 相続人全員の印鑑証明書
	⑦ 固定資産評価証明書

③ 法定相続分による相続登記

　相続人が複数おり、かつ、遺言による相続分の指定がないときは、遺産分割協議により不動産を相続する人が決まるまでは、不動産は相続人の共有となります。

　この場合、相続登記についても法定相続分どおりに申請することができます。これを「法定相続分による相続登記」といいます。

　しかし、遺産分割協議により不動産を相続する人を決めることが予定

第1部　大切な人の不幸があったときにすべき手続き

されている場合には、法定相続分による相続登記は通常利用されません。

その理由は次の2点です。

一つは、遺産分割協議で法定相続分と異なる内容で相続することが決まった場合には、改めて持分を移転するための登記をしなければならなくなり、登記費用が無駄になってしまうことです。

もう一つは、法定相続分による登記をすると、相続人の債権者がその相続人の持ち分を差し押さえることができるようになったり、相続人が自分の持ち分を売却できてしまうので、かえって法律関係が複雑になり、遺産分割協議どおりに不動産を帰属させることができなくなってしまうおそれが出てくるためです。

なお、登記申請をする場合、通常は登記義務者（例えば不動産を売買した場合の売主）と登記権利者（例えば不動産を売買した場合の買主）とが共同申請することが必要ですが、法定相続分による相続登記の場合は、各相続人の権利を保全するために行うものであるため、相続人のうち1人だけで申請することが可能です。

必要書類の例	① 故人が生まれてから亡くなるまでの戸籍・除籍・改製原戸籍謄本
	② 故人の住民票の除票
	③ 相続人全員の戸籍謄本
	④ 相続人全員の住民票
	⑤ 固定資産評価証明書

（4）自動車の名義変更

被相続人が所有していた自動車も相続財産になりますので、相続の手続きが必要です。相続人がその自動車を相続して使用する場合はもちろんのこと、廃車にする場合でもいったん相続人の名義に変更してから廃車手続きを行わなければなりません。

① 自動車の相続方法を決定

遺言がない場合には、遺産分割協議をして自動車を誰が相続するのか

図表 3　移転登録申請書

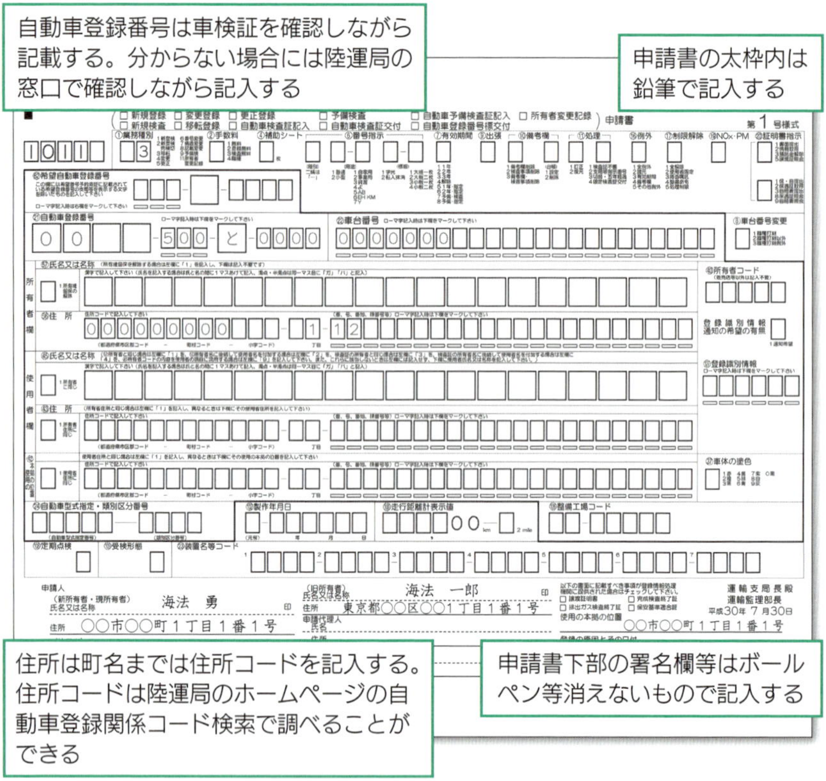
自動車登録番号は車検証を確認しながら記載する。分からない場合には陸運局の窓口で確認しながら記入する
申請書の太枠内は鉛筆で記入する
住所は町名までは住所コードを記入する。住所コードは陸運局のホームページの自動車登録関係コード検索で調べることができる
申請書下部の署名欄等はボールペン等消えないもので記入する
海法　勇
海法　一郎
東京都○○区○○1丁目1番1号
○○市○○町1丁目1番1号
平成30年7月30日

必要書類の例	① 移転登録申請書
	② 手数料納付書（自動車検査登録印紙 500 円分を添付）
	③ 自動車検査証（車検の有効期間のあるもの）
	④ 故人の死亡の事実および相続人全員が確認できる戸籍謄本
	⑤ 遺産分割協議書（相続人全員（新所有者となる相続人を含む）が実印を押印したもの）
	⑥ 新所有者となる相続人の印鑑証明書（発行後 3ヵ月以内のもの）
	⑦ 新所有者となる相続人の実印（相続人本人が手続きする場合）または委任状（代理人が手続きをする場合、相続人本人が実印を押印したもの）
	⑧ 車庫証明書（証明後概ね 1ヵ月以内（40 日以内）のもの）

第1部　大切な人の不幸があったときにすべき手続き

決めます。複数の相続人で共有することもできます。

② 名義変更の手続き

名義変更については、**移転登録申請書**を記入して管轄の陸運局で手続きを行います。

(5) 会員権等の名義変更

ゴルフ場やリゾートホテルの会員権も相続の対象となります。会員権の名義変更は、ゴルフ場やリゾートホテルの管理会社に連絡をして手続きを行います。

リゾートホテルの会員権の中には、リゾートホテルの特定区画の区分所有権を取得するタイプのものがあります。このタイプの会員権で気を付けなければならないのは、修繕費用などを滞納している場合です。

遺産分割協議等で特定の相続人が債務を引き継ぐことを合意したとしても、債務は法定相続分に応じて各相続人が当然に承継しますので、債権者は各相続人に対して法定相続分の範囲内で請求することができるのです。そのため、遺産分割によって特定の相続人が会員権を相続したからといって、その相続人だけが債務を引き継ぐわけではなく、修繕費用などの債務は依然として各相続人に対して請求される状態にあるということになります。

会員権を相続した相続人だけに債務を引き継がせるようにするためには、債権者同意を得て**免責的に債務を引き受ける契約**（**免責的債務引受契約**）を行わなければなりません。

3 住宅ローンがある場合の手続き

(1) 団体信用生命保険の加入の確認等

住宅ローンを組んで不動産を購入すると、多くの場合同時に団体信用生命保険（以下「団信」）に加入します。団信の仕組みは、次図のように、

住宅ローンを貸し付けた金融機関が契約者となり、債務者を被保険者とする生命保険に加入し、債務者が死亡等した場合に生命保険会社が支払う生命保険金が残ローンの支払いに充てられるというものです。

団信の仕組み

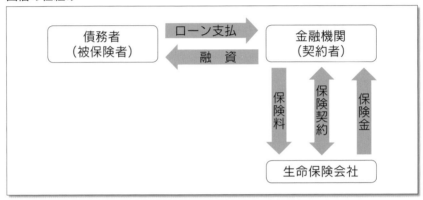

　保険料は通常は金融機関が支払う（実際には住宅ローンの金利に組み込まれている）ので、債務者が別途保険会社に保険料を支払う必要はありません。ただし、加入する団信の内容によっては住宅ローンの金利が通常よりも高くなることがあります。
　団信も通常の生命保険と同様に持病等で入れない場合があり、住宅ローンを組んでいても団信に加入していないケースもあります。
　したがって、住宅ローンを組んでいる人が亡くなった場合、まずは融資を受けた金融機関に団信の加入の有無を確認します。
　保険金の支払いを受けるための手続きは、契約者である金融機関が行うので、相続人等が手続きを行う必要はありませんが、金融機関から手続きに必要な書類の提供を求められる場合があります。
　ただし、住宅金融支援機構のフラット35を利用している場合には、融資を受けた金融機関を通じて相続人等が届出をしなければなりませんので、住宅ローン融資を受けている金融機関に連絡し、指示に従って手続きを行いましょう。

第１部　大切な人の不幸があったときにすべき手続き

（2）抵当権抹消登記手続き

　団信に加入していると住宅ローンは完済となりますが、何もしないでいると抵当権の登記が残ったままになってしまいます。そのため不動産に登記された金融機関の抵当権を抹消する手続きをします。

　ただし、相続が発生していることから、抵当権を抹消する前提として、所有者を相続人名義に変更する手続きを行う必要があります（**抵当権抹消登記手続き**）。

　抵当権抹消登記手続きは管轄の法務局で行います。必要な書類は以下のとおりです。

① 抵当権抹消登記申請書	自分で用意する
② 登記にかかる登録免許税	
① 解除証書または弁済証書	金融機関から送られてくる
② 登記識別情報通知または登記済証	
③ 登記事項証明書または会社法人等番号	
④ 委任状	

　金融機関から書類が送られてきていない場合には、金融機関に連絡をして送ってもらうようにしましょう。

4 生命保険金の請求

（1）生命保険加入の有無の調査等

　生命保険金は自動的に支払われることはなく請求しなければもらえません。生命保険に加入していたかどうかは、保険会社からの郵送物や通帳の履歴などから分かることがありますので、調べてみましょう。

　生命保険金請求権は原則として死亡した日の翌日から**３年間**（かんぽ生命は**５年間**）行使しないと時効により消滅してしまい、その後は生命保険金を受け取ることができなくなってしまいます。

　もっとも、被保険者が行方不明となり、いつ亡くなったのか受取人に分からなかったというような場合には、死亡した日の翌日からではなく、

39

権利行使が現実に期待することができるようになったとき（例えば遺体が発見された日など）以降において消滅時効が進行するとされています。

（2）生命保険金の請求方法

生命保険金は、故人以外の人が受取人に指定されている場合、相続財産とはならず受取人の固有の財産とされているため、原則として受取人が単独で手続きを行うことができます。

この場合、まず、受取人は被保険者が死亡したことを保険会社に連絡します。その際、保険証券など証券番号が分かる資料を手元に置いておくと、スムーズに手続きが進みます。

必要書類については、保険会社に連絡した際に説明があると思いますが、一般的には、保険金請求書（保険会社所定の様式）、死亡診断書のコピー、受取人の本人確認書類などとなっています。

生命保険金は相続財産とはなりませんが、被保険者、保険料の負担者および保険金受取人が誰であるかにより、所得税、相続税、贈与税のいずれかの課税の対象になりますので、税務上の取扱いには注意が必要です。

被保険者、保険料の負担者、保険金受取人によって下図のようになります。

被保険者	保険料の負担者	保険金受取人	税金の種類
A	B	B	所得税
A	A	B	相続税
A	B	C	贈与税

第 1 部　大切な人の不幸があったときにすべき手続き

5 高額療養費制度の申請

(1) 高額療養費制度とは

　長期の入院などをして亡くなった場合、多額の医療費がかかっているケースがあります。しかし健康保険等では、ある一定以上の医療費を支払った場合、超えた金額を払い戻してもらえることになっています。これが高額療養費制度です。

　高額療養費制度は、健康保険、国民健康保険、後期高齢者医療制度の加入者が、医療機関や薬局の窓口で支払う医療費が 1 ヵ月（歴月：1 日から末日まで）で一定金額を超えた場合、その超えた額を払い戻してもらうことができます。

(2) 自己負担額の上限額

　自己負担額の上限額は、図表（42 頁）のように加入者の年齢や所得に応じて定められています。

　なお、医療費増大の影響を受けて、70 歳以上の人の自己負担額の上限額は、「2017 年 7 月」診療分まで、「2017 年 8 月～2018 年 7 月」診療分まで、「2018 年 8 月以降」などと変わっており、また「70 歳以上」「70 歳未満」でも異なりますので注意が必要です。

例　年収 600 万円の 50 歳の人の 1 ヵ月の医療費が 30 万円

窓口での支払い：30 万円 ×30% ＝ 9 万円

自己負担額の上限：8 万 100 円＋（30 万円－ 26 万 7,000 円）×1%
　　　　　　　　　＝ 8 万 430 円

よって

9 万円－ 8 万 430 円＝ 9,570 円が高額療養費として払い戻される。

41

支給上限額（70歳以上）

適用区分	2018年8月診療分から	
	ひと月の上限額（世帯ごと）	
	外来 （個人ごと）	
年収約1,160万円～	252,600円＋（医療費－842,000円）×1% （多数回 140,100円）	
年収約770万円～ 約1,160万円	167,400円＋（医療費－558,000円）×1% （多数回 93,000円）	
年収約370万円～ 約770万円	80,100円＋（医療費－267,000円）×1% （多数回 44,400円）	
一般	18,000円 （年 144,000円）	57,600円 （多数回 44,400円）
II 住民税非課税	8,000円	24,600円
I 住民税非課税 （年金収入80万円以下など）		15,000円

支給上限額（70歳未満）

適用区分	ひと月の上限額（世帯ごと）
年収約1,160万円～	252,600円＋（医療費－842,000円）×1% （多数回 140,100円）
年収約770万円～ 約1,160万円	167,400円＋（医療費－558,000円）×1% （多数回 93,000円）
年収約370万円～ 約770万円	80,100円＋（医療費－267,000円）×1% （多数回 44,400円）
一般	57,600円 （多数回 44,400円）
II 住民税非課税	35,400円 （多数回 24,600円）
I 住民税非課税 （年金収入80万円以下など）	

	国民健康保険・後期高齢者医療制度の場合	健康保険（会社員）の場合
提出先	故人の住所地の市区町村の担当窓口	協会けんぽまたは健康保険組合
必要書類	高額療養費支給申請書・病院に支払った領収書・故人との続柄が分かる戸籍謄本など	

第1部　大切な人の不幸があったときにすべき手続き

（3）提出先・必要書類

　申請するには、「限度額適用認定申請書」を各市区町村の国民健康保険の窓口や協会けんぽや各健康保険組合などに提出します。

図表4　限度適用認定申請書

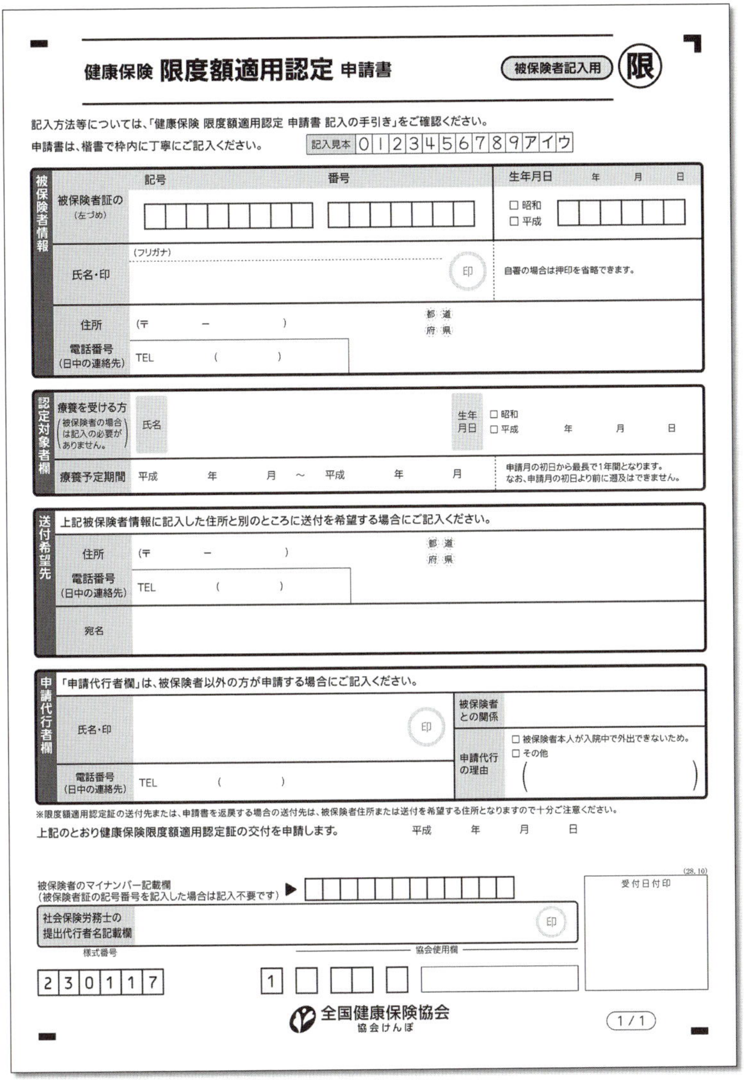

43

6 葬祭費・埋葬料の支給申請

（1）国民健康保険・後期高齢者医療制度に加入していた場合

　国民健康保険・後期高齢者医療制度の加入者が亡くなった場合に、葬儀を行った人（喪主）に**葬祭費**が支給されます。

　葬祭費の申請期間は、葬儀を行った日の翌日から**2年以内**です。

　葬祭費は、支給の根拠が市区町村の条例により定められているため、市区町村ごとに支給金額が異なりますが、おおよそ5万円程度となっています。また、葬祭費は、実際にかかった葬儀費用の多寡にかかわらず一定額が支給されます。

必要書類の例	① 申請書
	② 会葬礼状または葬祭費用に関する領収書
	③ 受け取る人の印鑑

（2）健康保険に加入していた場合

① 埋葬料

　健康保険の被保険者が亡くなった場合、その人に生計を維持されて、かつ埋葬を行う人に**埋葬料**として5万円が支給されます。

　ここでいう「生計を維持されていた人」とは、被保険者によって生計の全部または一部を維持されている人であって、民法上の親族であるかないか、被保険者が世帯主であるかないか、同一世帯であるかないかは問われません。

　埋葬料は、実際にかかった埋葬費用の多寡にかかわらず一定額が支給されます。

　なお、健康保険組合によっては、付加給付がある場合もありますので、健康保険組合に確認しましょう。

　埋葬料の申請期間は、死亡日の翌日から**2年以内**です。

必要書類の例	① 申請書
	② 生計維持を確認できる書類（住民票など）

② 埋葬費

　健康保険の被保険者が亡くなった場合、故人に生計を維持されていた人がいないなど、支給条件を満たさないため埋葬料が支給されないケースがあります。こうしたときは、実際に埋葬を行った人に対し、埋葬料の支給金額（5万円）の範囲内でその埋葬に要した費用に相当する金額が**埋葬費**として支給されます。

　ここでいう「埋葬に要した費用」とは、霊柩（棺）代、霊柩車代、霊柩運搬代、葬儀または埋葬の際の供物代、火葬料、僧侶の謝礼等が対象となります。葬儀の際の飲食費用や香典返しの費用は含まれません。

　埋葬費の申請期間は、葬儀を行った日の翌日から **2年以内**です。

必要書類の例	① 申請書
	② 埋葬に要した費用の明細書
	③ 領収書原本

③ 家族埋葬料

　健康保険の被扶養者が亡くなった場合、被保険者に対して**家族埋葬料**として5万円が支給されます。

　家族埋葬料は、実際にかかった埋葬費用の多寡にかかわらず一定額が支給されます。

　家族埋葬料の申請期間は、死亡日の翌日から **2年以内**です。

必要書類の例	① 申請書
	② 死亡の事実が確認できる書類（死亡診断書の写し、死亡の事実の記載がある住民票など）

7 児童扶養手当の支給申請

　児童（児童扶養手当法では、18歳に達する日以降の最初の3月31

日まで、もしくは一定以上の障害の状態にある場合には20歳未満を児童という）の父親または母親が亡くなった場合、その児童を監護している母親または監護しかつ生計を同一にしている父親、もしくは父母に代わってその児童を養育している人に、児童扶養手当が支給されます。

（1）提出先・必要書類

児童扶養手当の請求は、請求者が住んでいる市区町村の窓口になります。市区町村によって提出する書類は異なりますが、一般的には次の書類が必要になります。

① 請求書
② 請求者と対象児童の戸籍謄本
③ 請求者と対象児童が含まれる世帯全員の住民票の写し
④ 請求者等の前年（1月～6月に申請した場合には前々年）所得証明書
⑤ 請求者名義の預貯金通帳および印鑑
⑥ 請求者の個人番号が確認できるものおよび身元確認書類

（2）支給額（2018年4月分～2019年3月分までの金額）

児童扶養手当は、年3回（4月（12,1,2,3月分）、8月（4,5,6,7月分）、12月（8,9,10,11月分））、前月までの4ヵ月分がまとめて支給されます（2019年11月から2ヵ月に1回に変更予定）。

児童の数	全額支給の額	一部支給の額 （所得に応じて10円単位で変動）
1人	月額 42,500 円	月額 42,490 円～ 10,030 円
2人目の加算額	月額 10,040 円	月額 10,030 円～ 5,020 円
3人目以降の 加算額（1人につき）	月額 6,020 円	月額 6,010 円～ 3,010 円

※児童扶養手当の額は、物価の変動等に応じて毎年額が改定される。

（3）所得制限

児童扶養手当は、請求者および請求者と生計を同じくする扶養義務者

第1部　大切な人の不幸があったときにすべき手続き

等の前年の所得（1月〜6月に申請した場合には、前々年の所得）が限度額以上のときは、手当の全部または一部が支給停止となります。

　所得制限の仕組みは複雑なので、お住いの市区町村の窓口に問い合わせて確認しましょう。

8　旧姓に戻したいとき

(1) 旧姓に戻す方法

　婚姻により姓を変更した人が、配偶者の死亡により旧姓に戻す場合には、本籍地または住んでいる市区町村役所に復氏届（次頁）を提出することで、旧姓に戻すことができます。復氏届は、いつまでに提出しなければならないという期間制限はありません。

必要書類の例	① 復氏届
	② 戸籍謄本（本籍地に届ける場合は不要）
	③ 印鑑

(2) 子どもがいる場合

　旧姓に戻す人に子どもがいる場合、子どもにも旧姓を名乗らせるには、子の「氏変更許可審判」を家庭裁判所に申し立てます。

　許可審判を受けた後、審判書を添付して入籍届を子の本籍地または届出人の住所地の市区町村の役所に提出し受理されることで、子も同じ戸籍に入り、旧姓に戻した人と同じ姓を名乗ることができるようになります。

子の氏変更許可審判の申立先等

申立裁判所	子の住所地の家庭裁判所
申立人	子（子が15歳未満のときは子の法定代理人）
申立費用	800円の収入印紙および連絡用の郵便切手（何円分の郵便切手が必要かは申立をする家庭裁判所に確認する）
必要書類	申立書・子および父母の戸籍謄本　など

図表5　復氏届

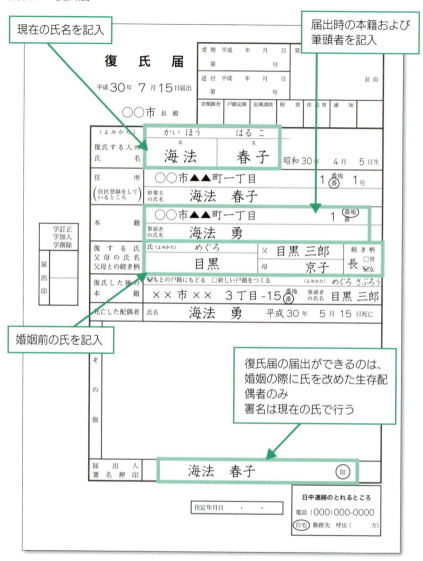

第1部　大切な人の不幸があったときにすべき手続き

9 姻族関係を終了させたいとき

　配偶者の一方が死亡すると当人どうしの婚姻関係は当然に終了しますが、亡くなった配偶者の親族と残された配偶者との姻族関係は何もしなければ変わりません。

　配偶者が亡くなったのだから親戚づきあいも含めて姻族関係を終了させたいという人もいます。そうした姻族関係を終了するには、**姻族関係終了届**を市区町村の役所に提出する必要があります。

(1) 姻族関係終了届の届出先等

届出先	届出人の本籍地または住所地の役所
届出人	残された配偶者
必要書類	届出書・亡くなった配偶者の死亡事項が記載されている戸籍謄本・届出人の戸籍謄本（本籍地に届出る場合は不要）・印鑑など

※姻族関係を終了することができるのは、残された配偶者だけであり、亡くなった配偶者の親族からは姻族関係終了届を提出することはできない。

(2) 姻族関係終了の効果

　姻族関係を終了させると亡くなった配偶者の親族に対する扶養義務等がなくなります。

　なお、子どもがいる場合には、残された配偶者が姻族関係を終了させても、その子どもと亡くなった配偶者の親族との親族関係は継続し、相互に扶養義務を負います。

49

図表6 姻族関係終了届

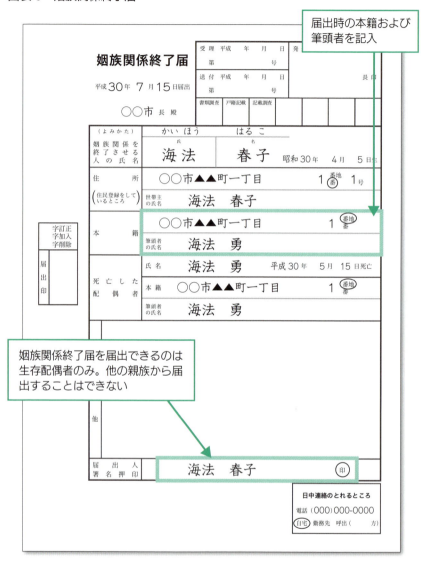

第2部

年金に関する手続き

　家計を支えていた人や年金受給者などが亡くなると、一家の大黒柱がいなくなるわけですから、その人によって生計を維持されていた家族にとって、生活に多大な影響を及ぼします。そこで生活面については、遺族年金があります。

　遺族年金は必ず支給されるわけではなく、一定の要件を満たす家族に支給され、亡くなった人が加入していた年金によっても支給額が変わります。また、亡くなった人が納付した保険料が掛け捨てとならないようにするため、遺族年金が支給されない場合は一時金という制度もあります。

　遺族年金の請求にも時効があるので、時効により請求できなくなることがないように、遺族年金の制度と手続きを確認しましょう。

第1章	未支給年金の請求

> **ポイント**
>
> 故人が請求していなかったためもらえない年金を未支給年金といいます。ここでは未支給年金とは何か、請求にはどのような手続きがあるのかなどについて解説します。

1 未支給年金とは

　年金受給者が月の途中で亡くなった場合、亡くなった月の分までの年金を受け取ることができます。請求するには、「**年金受給権者死亡届**」と一緒に「**未支給【年金・保険給付】請求書**」を提出します。

　故人が請求していれば受け取ることができたにもかかわらず、請求しなかったためもらっていなかった年金を未支給年金といいます。特に多額の報酬をもらっていた経営者などは、年金をもらえないと思い込んで請求していないケースがありますので、確認が必要です。

　ただし、年金を受給する権利は年金記録の訂正があったとき等の一部例外を除いて **5年間**経過すると、時効により消滅してしまいますので、早めに未支給年金の有無を年金事務所に確認するとよいでしょう。

　年金は、偶数月に前月までの2ヵ月分支給されます。例えば2月に受け取る年金は、12月・1月分が支給されることになります。ですから4月にお亡くなりになって（例えば4月5日）4月分の年金を受給する前（支給日は4月15日）だった場合は、2月・3月分が未支給となってしまう可能性があります。この年金については相続人が受け取ることができるのです。

第2部　年金に関する手続き

図表1　未支給【年金・保険給付】請求書

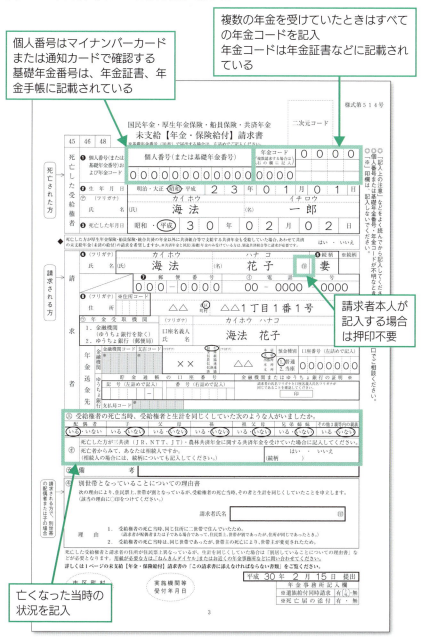

2 未支給年金の受給資格者

　未支給年金の支給は、故人と生計を同じくしていた親族のうち、次図の順位で請求できます。

優先順位	故人から見た続柄
第1位	配偶者
第2位	子
第3位	父母
第4位	孫
第5位	祖父母
第6位	兄弟姉妹
第7位	それ以外の3親等内の親族

　先順位の親族がいる場合には、後順位の親族は請求することができません。同順位の親族が複数いる場合には、そのうちの1人が行った請求は全員のために全額を請求したものとみなされます。支給についても、1人に対して支給された年金は全員に対して支給されたものとみなされます。

　未支給年金はあくまでも公的な給付の一部であって相続財産ではないので、法定相続人がいても生計を同じくしていなければ受け取ることはできません。また、相続放棄をした者であっても生計を同じくした受給資格者であれば受け取ることができます。

第 2 部　年金に関する手続き

3 必要書類

未支給年金を受給するための必要書類は、次のようになっています。

必要書類	① 故人の年金証書（添付できない場合には、年金受給権者死亡届に添付できない理由を記載）
	② 死亡の事実を明らかにできる書類（戸籍謄抄本、死亡診断書のコピー、住民票の写し等）
	③ 故人と請求者の身分関係が確認できる書類（戸籍謄本等）
	④ 故人と請求者が生計を同じくしていたことが分かる書類（住民票の写し（コピー不可）等）
	⑤ 受取りを希望する金融機関の通帳（コピー可。キャッシュカードや金融機関の発行する書類で金融機関名、支店名、口座名および口座名義のふりがなが確認できるもののコピーでも可）
	⑥ 故人と請求者が別世帯の場合は「生計同一についての別紙の様式」など

未支給年金の請求

遺族年金の請求

55

第 2 章　遺族年金の請求

ポイント

遺族年金には、遺族基礎年金と遺族厚生年金があります。これらの違いがどのようなもので、受給できる人はどのような人でしょうか。ここでは、遺族年金の受給対象者や受給のための要件などを見ていきます。

1 遺族年金とは

　遺族年金とは、家計を支えていた人や年金受給者などが亡くなったとき、その人によって生計を維持されていた家族に支給される年金です。
　遺族年金には「**遺族基礎年金**」および「**遺族厚生年金**」があり、亡くなった人の加入状況、保険料納付状況などによって、いずれかまたは両方の年金が支給されます。
　遺族基礎年金が要件を満たさずに支給されないときでも、一定の要件を満たせば「**寡婦年金**」または「**死亡一時金**」が支給されます。

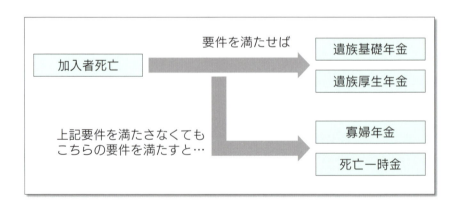

第 2 部　年金に関する手続き

2 遺族基礎年金

遺族基礎年金は（1）、（2）の要件を満たす場合に支給されます。

（1）亡くなった人に関する要件

亡くなった人が次のいずれかに該当する必要があります。

① 国民年金の被保険者であること

② 国民年金の被保険者であった 60 歳以上 65 歳未満で、日本国内に住所を有していること

③ 2017 年 7 月までに老齢基礎年金の受給権者であったことがあること

④ 保険料納付期間、保険料免除期間および合算対象期間を合算した期間が 25 年以上あること

※ ①または②の場合は、死亡日が含まれる月の前々月までの被保険者期間に、国民年金の保険料納付済期間および免除期間、厚生年金保険の被保険者期間、共済組合の組合員期間の合計が 3 分の 2 以上あることが必要です。ただし、死亡日が 2026 年 3 月末日までのときは、死亡した人が 65 歳未満であれば、死亡日が含まれる月の前々月までの直近 1 年間に保険料の未納がないこととなっています。

（2）家族に関する要件

遺族年金を受給するには亡くなった人に生計を維持されていなければなりませんが、「生計を維持されていた」とは、故人の死亡時において、

① 同居している場合や、別居していても仕送りなど経済的援助を受けていた場合など、生計が同一であること

② 家族の前年の収入が 850 万円未満であること（5 年以内に年収が 850 万円未満になると認められる事由がある場合も含む）

の 2 つの要件を満たしている必要があります。

その上で、「子のある配偶者」または「子」であることが受給の要件

57

となります。つまり遺族基礎年金は、配偶者のみでは受給することはできず、受給するには必ず子がいなければならないのです。

ここでいう「子」とは、生計を維持していた人の死亡時において、18歳になった年度の3月31日までの間にあり（障害年金の障害等級1級または2級の場合は20歳未満）、かつ婚姻をしていない子どもをいいます。

（3）年金額

年金額（2019年度の予定金額）は次のとおりです。

① 子のある配偶者が受け取るとき

78万100円＋（子の加算額）

子が1人　：78万100円＋22万4,500円＝100万4,600円

子ども2人：78万100円＋22万4,500円＋22万4,500円

　　　　　　＝122万9,100円

子ども3人：78万100円＋22万4,500円＋22万4,500円＋

　　　　　　7万4,800円＝130万3,900円

② 子が受け取るとき

78万100円＋（2人目以降の子の加算額）

子ども1人：78万100円

子ども2人：78万100円＋22万4,500円＝100万4,600円

子ども3人：78万100円＋22万4,500円＋7万4,800円

　　　　　　＝107万9,400円

※1人目および2人目の子の加算額：各22万4,500円

　3人目以降の子の加算額：各7万4,800円

配偶者がいるときは、基本額に加えそのまま子の数に応じて加算されます。

子のみの場合は、一人目の子に基本額78万100円支給され、2人目の子に22万4,500円、3人目子以降は7万4,800円が支給されます。

第 2 部　年金に関する手続き

つまり一人目の子については基本額のみで加算額はないということになります。

3 遺族厚生年金

　遺族厚生年金は、厚生年金保険の被保険者または被保険者であった人が亡くなった場合に、（1）および（2）の要件を満たす場合に支給されます。

（1）亡くなった人に関する要件
　亡くなった人が次のいずれかに該当する必要があります。
① 厚生年金保険の被保険者である間（加入している間）に死亡したとき
② 厚生年金保険の被保険者期間に初診日（死亡の原因となった病気やけがについて、初めて医師等の診察を受けた日）がある病気やけがが原因で、初診日から 5 年以内に死亡したとき
③ 1 級・2 級の障害厚生（共済）年金受給者が死亡したとき
④ 2017 年 7 月までに老齢厚生年金の受給権者であった人が死亡したとき
⑤ 保険料納付期間、保険料免除期間および合算対象期間を合算した期間が 25 年以上ある人が死亡したとき
※ ①または②の被保険者の要件は遺族基礎年金と同じです。

（2）家族に関する要件
　次の①の要件を満たす、②の表の優先順位が最も高い家族に遺族厚生年金は支給されます。
① 亡くなった人に生計を維持されていたこと
　「生計を維持されていた」と認められる要件は遺族基礎年金の場合と同様です。

59

② 優先順位

優先順位	ご家族の状況	受給できる年金
1	子のある妻 子のある 55 歳以上の夫	遺族厚生年金 ＋
2	子	遺族基礎年金
3	子のない妻 子のない 55 歳以上の夫	遺族厚生年金 （子のない妻は中高齢の寡婦加算額あり）
4	55 歳以上の父母	遺族厚生年金
5	孫	
6	55 歳以上の祖父母	

※１　上記表でいう「子」および「孫」は生計を維持していた人の死亡時において、18 歳になった年度の 3 月 31 日までの間にあり（障害年金の障害等級 1 級または 2 級の場合は 20 歳未満）、かつ婚姻をしていない人をいいます。

※２「55 歳以上」という要件のある人への年金の支給開始は、60 歳になってからとなります。

※３　30 歳未満の子のない妻は、5 年間の有期給付になります。

※４「中高齢の寡婦加算額」とは、次のいずれかに該当する妻に対して、40 歳から 65 歳一定額が加算されて支給されます。支給額は遺族基礎年金の 4 分の 3 で、2019 年度は 58 万 5,100 円（＝ 78 万 100 円× 3／4）となっています（2019 年度価格）。
　⑦ 夫が亡くなったとき 40 歳以上 65 歳未満で、子がいないとき
　④ 40 歳に達した当時、子がいるため遺族基礎年金を受けていた妻が、子が 18 歳になった年度の 3 月 31 日を経過した（障害年金の障害等級 1 級または 2 級の場合は満 20 歳になった）ため遺族基礎年金を受給できなくなったとき

　遺族厚生年金の年金額は、遺族基礎年金のように一定額ではなく、老齢厚生年金の報酬比例部分の 4 分の 3 となります。

　この報酬比例部分は、納付した保険料額の算出基礎となる報酬月額または報酬額と加入期間のほか、いくつかの条件により決定されます。

　亡くなった人の収入によって年金額が異なりますので、詳細は年金事務所で確認しましょう。

(3) 寡婦年金

　寡婦年金は、遺族基礎年金の支給対象とならない妻（18 歳の年度末までの子がいない等）などが、①～④の支給要件すべてを満たす場合に、60 歳から 65 歳になるまで支給されます。なお、寡婦年金と死亡一時

第 2 部　年金に関する手続き

金の両方を受け取ることができる場合には、どちらか一方しか受給でき
ませんので、どちらかを選択することになります。

① 亡くなった夫が自営業者や学生などの国民年金第 1 号被保険者（任
　意加入被保険者を含む）であったこと
② 亡くなった夫が老齢基礎年金を受け取らず、かつ障害基礎年金の受
　給資格者でなかったこと
③ 妻が繰上げ受給の老齢基礎年金を受け取っていないこと
④ 妻が夫によって生計を維持されており、かつ、夫との婚姻関係（内
　縁関係を含む）が 10 年以上継続していること

　寡婦年金の年金額は、夫の死亡日前日までの第 1 号被保険者期間から、
老齢基礎年金の計算方法により算出した額の 4 分の 3 になります。

$$78 万 100 円 \times \frac{保険料納付済期間 + 保険料免除期間等}{480} \times \frac{3}{4}$$

④ 死亡一時金

　死亡一時金は、遺族基礎年金の支給を受けられない場合であっても納
付した保険料が掛け捨てにならないように、①〜③の支給要件すべてを
満たす場合に、故人と生計を同一にしていた優先順位の最上位の親族に
対して支給されます。

① 自営業者や学生などの国民年金第 1 号被保険者（任意加入被保険者
　を含む）として保険料を納めた期間が 36 ヵ月以上であること
② 老齢基礎年金を受け取らず、かつ障害基礎年金の受給資格者でなかっ
　たこと
③ 遺族基礎年金を受け取ることができる人がいないこと

61

受け取ることのできる順位は次のとおりです。

1	配偶者
2	子
3	父母
4	孫
5	祖父母
6	兄弟姉妹

※上記の表でいう「子」および「孫」は亡くなった人の死亡時
において、18歳になった年度の3月31日までの間にあり（障
害年金の障害等級1級または2級の場合は20歳未満）、かつ
婚姻をしていない人をいいます。

死亡一時金の支給額は亡くなった人の保険料納付月数に応じて金額が異なります。

保険料納付月数	金　額
36ヵ月以上180ヵ月未満	120,000円
180ヵ月以上240ヵ月未満	145,000円
240ヵ月以上300ヵ月未満	170,000円
300ヵ月以上360ヵ月未満	220,000円
360ヵ月以上420ヵ月未満	270,000円
420ヵ月以上	320,000円

第3部

相続の流れと
相続の基礎知識

　ここでは相続が発生した場合に必要な手続きの流れと相続に関する用語やルールを確認します。

第1章　相続の流れ

ポイント

相続をすると10ヵ月以内に申告等を行いますが、それ以外にも期間ごとに様々な事柄があります。ここでは、相続の流れについて確認します。

1 相続の全体の流れ

まずは、図から相続全体の流れをつかみましょう。

相続開始前		相続開始後									
3年以内	1年以内	7日以内	14日以内	2ヵ月以内	3ヵ月以内	4ヵ月以内	6ヵ月以内	10ヵ月以内	1年以内	2年以内	3年以内
・生前贈与加算対象期間	・遺留分算定の基礎となる財産に加算する贈与対象期間。ただし相続開始前1年超でも加算する場合あり。	・死亡届	・取締役の変更登記（支店所在地は3週間以内）	・被相続人白色申告者→相続人の青色申告承認申請	・相続放棄・限定承認期限	・被相続人青色申告者→相続人の青色申告承認申請 ・準確定申告期限	・根抵当権の債務者変更登記期限	・相続申告期限（納期限）・延納申請期限・物納申請期限・相続税の納税猶予の適用有無 遺産分割が前提・国等に相続財産を贈与した場合の非課税の適用期限・小規模宅地等の減額特例においては、特定事業用宅地等（居住用宅地）の80％減額を受ける保有継続・事業継続等の適	・遺留分の減殺請求期限	・保険金請求、ただし、保険約款では3年以内・国等に相続財産を贈与した場合の公益事業の用に供する期限（贈与を受けてから2年以内）	・相続税の対象となる退職手当金の支給額確定期限

第3部　相続の流れと相続の基礎知識

② 何を行えばいいのか

（1）死亡届の提出

どなたかがお亡くなりになると、親族、親族以外の同居者、家主、地主、家屋もしくは土地の管理人、後見人、保佐人、補助人、任意後見人などが、死亡届を提出します。とにかく相続についてはここから始めなければなりません。基本的に死亡届は死亡を知った日から **7日以内** に届け出ることとされています。

（2）相続人の確定

相続手続きを行うために、誰が相続人となるかをはっきりさせるなど、相続人の確定が必要となります。

（3）相続財産の確定

遺産分割協議や相続税の申告をするにあたり、相続財産を確定させます。円滑に遺産分割や相続財産申告をするためにも、早い段階で相続財産の総額を把握することが重要であり、相続財産としてどのようなものがあるかをチェックします。

（4）単純承認・相続放棄・限定承認

相続財産について、相続するのかどうかの確定も必要となります。

民法は「相続人は、自己のために相続の開始があったことを知った時から **3ヵ月以内** に、相続について、①単純もしくは②限定の

3年10ヵ月以内	法定納期限から5年	法定納期限から7年	10年経過
・未分割財産について配偶者の税額軽減の特例を受ける場合の分割期限 ・小規模宅地等の減額特例を受ける場合の分割期限 ・相続税額の取得費加算の特例を受ける場合の譲渡期限	・減額更正・決定の期限、増額構成の期限 ・国税の徴収権の時効（平成16年以後の贈与税は6年）	・仮装・隠ぺい等があった場合の増額更正期限および国税徴収権の時効	・遺留分の減殺請求の時効

承認または③放棄をしなければならない」と定めています。

　この期間内に、限定承認または相続放棄をしなかった場合には、単純承認したものとみなされますので、単純承認・相続放棄・限定承認についてどうするかを判断しなくてはなりません。

（5）準確定申告

　年の途中で死亡した場合には、1月1日から死亡した日までの所得金額について、相続人が、相続のあったことを知った日の翌日から4ヵ月以内に税額を計算して申告と納税をします。

（6）遺言書の有無

　故人の最終意思を尊重するという趣旨から、遺言書が作成されている場合には、遺産分割をすることなく相続人または受遺者が財産を承継することが可能となります。

　遺言書のある・なしの確認、あるのであればその内容について確認します。

（7）遺産分割

　遺言書がない場合や、遺言書がある場合であっても取得財産について包括的に定められている場合（例えば、「相続財産について、妻に3分の1を相続させ、長男に3分の2を相続させる」といった旨の遺言等）には、遺産に属する物または権利の種類および性質、各相続人の年齢、職業、心身の状態および生活の状況その他一切の事情を考慮して遺産を分ける協議をすることになります。これが遺産分割協議です。

（8）相続税の申告・納税

　相続税の申告が必要な人は、相続の開始があったことを知った日の翌日から10ヵ月以内に相続税の申告・納税が必要となります。

第3部　相続の流れと相続の基礎知識

(9) 名義変更手続き

　遺言書、または遺産分割協議内容に従い、名義変更手続きを行うこととなります。

| 第2章 | 相続の仕組み |

> **ポイント**　相続はどのように行うのか、遺言書の作成をどのようにすればいいのかなど、相続についての基本的な仕組みをここで解説します。

1 相続とは何か

　一般的に相続とは、亡くなった人の財産などを配偶者や子どもが受け継ぐことをいいますが、法律的には、故人の法律上の地位すなわち権利と義務を、その死亡により包括的に特定の人（相続人）に受け継がせることをいいます。

　故人の権利と義務は、その人の死亡とともに、何らの手続きをすることなく、相続人に承継されます。

　ただし、相続人が受け継ぐ範囲には、プラスの財産（不動産、預貯金）だけではなく、マイナスの財産（借金、債務）も含めた一切の財産が該当することになり、これらをすべて受け継ぐこととなります。そのため相続にはいくつかのルールが定められています。

2 相続の基本ルール（遺言書と民法に従った相続）

（1）なぜ遺言書が必要か

　相続が発生した場合、誰が相続人になるのか、各相続人の相続分がどれくらいかは、民法によって定められています。これが**法定相続分**です。

　法定相続分は相続財産を分割する際の重要な指標になりますが、次のようなケースでは、法定相続分に従った分割をそのまま行うと、分割方法について相続人間で争いとなる可能性があります。

第3部　相続の流れと相続の基礎知識

> ① 相続財産や自社株などの売却が困難な資産が相続財産の中心である
> ② ある特定の相続人に家業を継がせたいが事業用資産しか相続財産がない

このような場合にはどうしたらいいでしょうか。

実は、生前に自分の財産を自由に処分することができたように、死後においても自分の財産を自由に処分することができる方法があります（遺留分による制限がある。遺留分制度は108頁参照）。それが**遺言（書）**です。

遺言書によって、遺産争いを予防し、相続手続きを円滑に進めることができます。遺言書を作成すると、どの財産を誰にどれだけ渡すか、本人が決定することができるのです。

（2）遺言の種類と内容

遺言書にはいくつか種類がありますので、それらを見ていきましょう。

遺言書は、法律上、①普通方式遺言と②特別方式遺言に大きく分かれます。

> ① 普通方式遺言
> ・自筆証書遺言
> ・公正証書遺言
> ・秘密証書遺言
> ② 特別方式遺言
> ・危急時の遺言
> ・伝染病隔離者の遺言
> ・在船者の遺言
> ・船舶遭難者の遺言（難船危急時遺言）

①普通方式遺言には、自筆証書遺言、公正証書遺言、秘密証書遺言の

３つがあり、遺言書のほとんどはこれら３つのうち、いずれかによってなされています。主な内容は**図表**のとおりとなっています。

普通方式遺言の内容

	作成方法	メリット	デメリット
自筆証書遺言	・すべて本人の手書き（ただし、目録については 2019 年 1 月 13 日以降は方式緩和。201 頁参照） ・日付を記入する ・署名押印	・費用がかからない ・作りたいと思ったらすぐ作れる ・内容を秘密にできる	・紛失、偽造、隠匿のおそれがある（ただし、民法改正により自筆証書遺言の保管制度創設。203 頁参照） ・方式不備で無効になるおそれがある ・検認手続きが必要
秘密証書遺言	・証人 2 人の立会いのもと遺言書に封をしたうえ、公証人の証明を受ける ・本文はパソコンで作成したり代筆でもよい ・署名は本人の直筆で行う	・誰にも内容を知られないで作成できる ・本文をパソコンや代筆でも作成できる	・保管は遺言者が行うので紛失のおそれがある ・方式不備で無効になるおそれがある ・公証人に支払う費用がかかる ・開封する際に検認の手続きが必要
公正証書遺言	・本人が証人 2 人の立会いのもと、公証人に遺言の内容を伝え、公証人が作成	・公証役場で保管されるので紛失等のおそれがない ・方式不備で無効になるおそれがない ・検認手続きが不要	・公証人に支払う費用がかかる ・遺言の内容を証人に知られる

　②特別方式遺言とは、死期が迫っているなどで普通方式の遺言をする余裕がない状況でも遺言書を作成できるように、特別に認められている方式の遺言です。民法上、特別方式遺言として、危急時の遺言（一般危急時遺言）、伝染病隔離者の遺言、在船者の遺言、船舶遭難者の遺言（難船危急時遺言）が定められています。

（3）普通方式遺言

① 自筆証書遺言

　自筆証書遺言とは、遺言者が、その遺言の全文、日付および氏名を自

書しそれに押印をすることにより作成する遺言書です（民法（相続法分野）改正により、2019年1月13日以降は財産目録については自書が不要。201頁参照）。いつでも、どこでも自分ひとりで遺言書を作成することができるため、簡便な方式で、費用はほとんどかかりません。

しかし、自分で作成するため、法律で定められた要件を欠いてしまったり、内容が不明確であったりすると、遺言の効力が認められないこともあります。

さらに、遺言があるかないか、あるとしてもどこにあるのか、適切な保管手段を講じておかないと、遺言書を紛失してしまったり、そもそも発見されない恐れもあります（自筆証書遺言の保管制度については203頁参照）。

また、相続開始後に裁判所において、検認という手続き（後日の紛争に備えて、偽造・変造を防止するため、遺言書の形式的な状態を調査確認する手続き）を経る必要があります。封をされた遺言書を、検認手続きを受ける前に開封してしまうと5万円以下の過料（刑罰ではない）に処されます。検認前に開封したとしても、その後、検認を受ける必要があります。

㋐ 検認手続き

検認の申立ては、遺言書の保管者または遺言書を発見した相続人が、遺言者の最後の住所地を管轄する家庭裁判所に、申立書等必要書類を提出して行います（家事審判申立書参照）。申立費用は収入印紙800円と郵便切手（必要となる郵便切手の料金および組み合わせは、各裁判所で異なるので申立てを行う家庭裁判所に確認）が必要になります。

検認の申立てが行われると、家庭裁判所から相続人に対して検認期日（検認を行う日）が通知されます。申立人以外の相続人が検認期日に出席するかどうかは、各人の判断に任されており、全員が揃わなくても検認手続きは行われます。

検認期日では、出席した相続人立会いのもと、遺言の方式に関する一

図表　家事審判申立書　　　　　　　検認手続きの流れ

 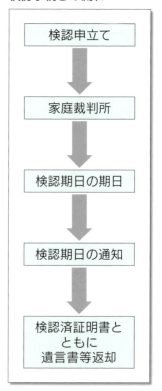

切の事実（遺言書および封筒の紙質、形状、文言、字体、加除訂正箇所、日付、署名、印影など）を調査し、その結果を記した**検認調書**を作成します。立ち会った相続人に対して裁判所から「遺言書の文字について亡くなった人の字と比べてどうか」などの質問がされることもあります。

　検認手続きが終了すると、申立人に対して検認済証明書を付した遺言書（遺言書、封筒および証明書がホチキス留めされて一体となったもの）を返還します。また、検認に立ち会わなかった相続人、受遺者その他の利害関係人に検認を行った旨の通知が行われます。

④　検認の効果

　検認は、遺言書の状態を確認するためのものであり、遺言の有効無効

第3部　相続の流れと相続の基礎知識

を判断するものではありません。

　したがって、検認を受けなかったからといって遺言が無効となるわけではありませんし、相続人としての資格を失うこともありません（もっとも、故意に遺言書を隠匿した場合は、相続人であれば欠格事由に該当します）。

　ただし、検認を受けないで遺言を執行した場合には、封された遺言書を家庭裁判所で開封手続きを取らなかった場合と同様に、5万円以下の過料に処せられます。

②公正証書遺言

　公正証書遺言とは、公証人に作成してもらう方式の遺言書です。証人2人以上の立会いのもと、遺言者が遺言の内容を公証人の面前で、口授し、それに基づいて、公証人が遺言者の真意を正確に文章にまとめ作成します。

　公正証書遺言によるメリットとしては、次のようなものです。

㋐ 公証人という専門家が作成するので、遺言が無効となることが少ない

㋑ 作成された遺言書は公証役場で保管されるので、紛失や改ざん等の恐れがない

㋒ 相続開始後に家庭裁判所による検認手続きは不要

　公正証書遺言であれば、公証人役場で亡くなった人の遺言があるかどうかを公証人役場で検索をすることもできます（公正証書遺言検索サービス）。

　公正証書遺言はメリットが多いようですが、公証人に作成してもらうことから、作成手数料など手間と費用がかかる点には注意が必要です。

　公証人の手数料は、遺言の目的となる財産の価額に応じて次のように定められています。

公証人費用

目的財産の価額	手数料
100万円まで	5,000円
200万円まで	7,000円
500万円まで	11,000円
1,000万円まで	17,000円
3,000万円まで	23,000円
5,000万円まで	29,000円
1億円まで	43,000円

　目的財産の価額が1億円までの場合、上記手数料に加えて1万1,000円が加算されます(遺言加算手数料)。つまり4万3,000円＋1万1,000円＝5万4,000円が必要になります。

　1億円を超える部分については4万3,000円に次の金額が加算されます。2億円の財産があるとすると、4万3,000円＋1万3,000円×2＝6万9,000円となります。1億円以上ですので加算はありません。

目的財産の価額	加算される手数料
1億円を超えて3億円まで	5,000万円ごとに13,000円
3億円を超えて10億円まで	5,000万円ごとに11,000円
10億円を超える部分	5,000万円ごとに　8,000円

※このほかに、原本・正本・謄本の作成手数料等が必要になる。具体的な手数料の金額については、作成する公証役場で確認する。

③ 秘密証書遺言

　秘密証書遺言とは、遺言の内容の秘密を守ることができる遺言方式です。作成には公証人と証人2人以上が関わる必要があります。

　作成方法は、まず遺言者が遺言書に署名・押印をして封筒に入れた後、遺言書に押したのと同じ印章で封印し、その封書を公証人および2人以上の証人の前に提出し、遺言者は、封筒の中身が自己の遺言書である旨および、自分の氏名・住所を申し述べます。

　公証人は、封紙に封書が提出された日付と遺言者の申述内容を記載し、その封紙に、公証人、証人2人および遺言者がそれぞれ署名・押印し

ます。文章の作成は、遺言者が自筆する必要はなくで、第三者の代筆やワープロによる作成も認められておりますが、署名については自筆する必要があります。

ただし、公証人が遺言の内容を確認することはできないので、遺言の内容に不備があり無効となってしまう可能性があります。また、作成された遺言書は遺言者が持ち帰るので、自筆証書遺言同様に紛失の危険も発生します。

(4) 一般危急時遺言

一般危険時遺言とは、病気等の理由で死が間近に迫っているような場合に、3人以上の証人に対して遺言の内容を伝え、証人の1人が筆記して、遺言者および他の証人に読み聞かせ、または閲覧させ、各証人がその筆記の正確なことを認証した後、これに署名・押印する方法により作成する遺言書です。

③ 遺産をどのように相続するか

民法は、相続をするかどうかについて、相続人が選択できるようにしています。その方法としては、①**単純承認**、②**相続放棄**、③**限定承認**があります。

(1) 単純承認

単純承認とは、相続人が財産と債務をまるごと受け継ぐ相続方法です。債務もそのまま相続するわけですから、単純承認をすると、相続人は債務を返済しなければなりません。

この際、相続人は相続した財産だけではなく、もともと保有している相続人自身の財産についても、債権者から強制執行を受けてしまう可能性もあります。例えば1,000万円を相続しても債務も2,000万円相続

すれば、自分の財産で残りの 1,000 万円を返済しなければならないわけです。

次のような場合には、単純承認をしたものとみなされます。

① 熟慮期間中（自己のために相続の開始があったことを知ったときから **3ヵ月以内**）に相続放棄や限定承認の手続きをしなかったとき
→亡くなった人に債務があるか否かの調査を早急に行い、相続放棄もしくは限定承認をするのかを判断する必要があります。
② 相続財産の全部または一部を処分したとき
→処分とは、相続財産を売却するというような法律上の処分だけではなく、壊す等の事実上の処分を含みます。
③ 相続財産を隠匿、消費したとき

（2） 相続放棄

相続放棄とは、財産を全く受け取らない相続方法です。借金などを相続するのは嫌だという場合など、相続を放棄することもできます。

相続放棄をすれば、相続放棄をした者は最初から相続人ではなかったこととなり、債務は引き継ぎませんが、同時に財産も引き継ぐことはできません。

相続放棄は、熟慮期間中（3ヵ月以内）に家庭裁判所に、相続を放棄する旨の申述することによって行います。遺産分割協議などにおいて全く財産を受け取らないことを相続放棄と勘違いしている人もいますが、法律上の相続放棄は家庭裁判所に申述をしなければ行うことはできません。この3ヵ月以内で相続財産の調査を行い、承認するのか放棄するのかを決められない場合もあります。こうした場合には熟慮期間中に家庭裁判所に対して相続の承認・放棄の期間の伸長を求めることができます。

もっとも、伸長を認めるかどうか、どの程度の伸長を認めるかは裁判所の判断によるため、期間伸長の申立ては余裕をもって行うことが重要

です。共同相続の場合であっても、相続放棄は各自が単独で行うことができます。

なお、遺産分割協議をすることは法定単純承認事由にあたるので、遺産分割協議後は原則として相続放棄することはできません。

厳密には遺産分割の合意をした段階で法定単純承認事由の処分にあたりますが、一般には分割協議書を作成した後は相続放棄できないと考えられています。

ただ、相続人が多額の借金を認識せずに遺産分割協議を行った場合には、遺産分割協議は錯誤無効となり法定単純承認事由に該当せず、金融機関から請求を受けた時点から熟慮期間が進行すると判断した裁判例（大阪高裁決定平成 10 年 2 月 9 日）があります。

（3）限定承認

限定承認は、財産の一部を相続しマイナスの財産がある場合には相続した財産の範囲内で返済するという相続方法です。

限定承認をした者は、財産と債務を承継し、単純承認をした者と同様債務について全額を承継することになります。しかし、単純承認とは異なり、相続したマイナスの財産を相続したプラスの財産から弁済して、なおマイナスの財産が残ったときでも、相続人は自らの財産で相続したマイナスの財産を弁済する義務を負いません。

相続したプラスの財産がマイナスの財産よりも多かった場合には、プラスの財産を相続することができます。

例えば、次頁の図のように、プラスの財産が 2,000 万円、マイナスの財産（借金）が 5,000 万円あった場合、限定承認をすると、マイナスの財産のうち 2,000 万円については故人の財産で返済する義務を負いますが、残りの 3,000 万円については承継しますが返済する義務は負いません。

プラスの財産 2,000万円	承継するが返済義務なし	

マイナスの財産 2,000万円	マイナスの財産 3,000万円

　限定承認は、熟慮期間中（3ヵ月以内）に財産目録を作成して家庭裁判所に提出し、限定承認する旨の申述をします。

　この申述は、相続人が複数人に及ぶとき、共同相続人の全員で行わなければなりません。

　相続財産を調査し財産目録を作成することや、限定承認について共同相続人全員から承諾を得るには、相当の時間が必要になり、3ヵ月の熟慮期間はあっという間に過ぎてしまいます。そのため、限定承認を考えている場合には相続放棄の場合以上に、準備を早く始めることが重要となります（この際、弁護士に委任することで準備が円滑に進む場合が多いです）。

　また、相続人が複数いる場合に限定承認をすると、相続人の中から相続財産管理人を選任しなければならないため、この点についても共同相続人間で事前の調整が必要になります。

　ただし、相続財産管理人は、自分が行うべき事務を弁護士に委任することができますので、申立ての準備から弁護士に依頼しておけば、実際にはその弁護士に事務の処理を依頼すればよいことになります。

第3章	相続する財産について

ポイント

　相続に当たり財産の調査は重要となります。相続財産もいろいろありますので、相続財産の調査方法や、「相続する財産」「しない財産」について確認しましょう。

1 相続する財産

　相続が開始されると、亡くなった人の財産に属していた一切の権利義務は、原則として相続人が包括に受け継ぐこととなります。

一切の権利義務 ➡
> ・個別の動産・不動産に対する権利や債権・債務
> ・財産法上の法律関係ないし法的地位（売買契約における売主たる地位、善意者・悪意者の地位など）なども含む

2 相続しない財産

（1）一身専属権の財産

　故人の財産に属していた権利義務であっても、その人の一身に専属するものは、受け継がないものとされています。

一身に専属するものとされている権利・義務 ➡
> ① 代理権
> ② 使用貸借における借主の地位
> ③ 雇用契約上の地位
> ④ 委任契約上の地位
> ⑤ 組合員の地位

（2）その他の財産

① 祭祀財産

② 遺骨

　祭祀財産については、祖先の祭祀の主宰者に帰属するものとされています。また、遺骨については、慣習上の祭祀主宰者に帰属するものとされています。

3 相続財産の調査方法

（1）預貯金

　金融機関から故人の死亡日時点の残高証明を取り寄せて調査します。債券・証券についても同様の証明書により調査します。

（2）不動産

　所有している不動産について、登記簿上の地番や家屋番号が分かっているときは、直ちに登記簿謄本を取り寄せます。登記簿謄本は、誰でも申請することができ、法務局の窓口で交付請求する方法の他、所定の登記印紙を貼付して行う郵送での交付請求、インターネットを利用したオンラインによる交付請求があります。

　相続財産の中に不動産があることが分かっていても、実際にそれが亡くなった人の名義であるのかどうか判断がつかないケースがあります。

　このような場合には、当該不動産がある市町村の資産税課（東京の場合には都税事務所）に申請をして不動産の名寄帳を取り寄せることによって判明することがあります。

　この名寄帳は、当該地方自治体の範囲内にある不動産についての所有者ごとの一覧表であり、未登記の不動産であっても固定資産税の評価を受けているものについて記載されています。

（3）借金

借金は、家族に秘密にしていることが多く、相続人が把握していない借金が存在することも多々あります。そのため、完全に把握することは難しいですが、以下の方法で調査してみましょう。

① 郵便物の確認

故人宛てに金融機関や消費者金融などからの郵便物が届いていないかを確認します。催告書や督促状が届いているような場合は、借金がある可能性が高くなります。

② 口座の取引履歴の確認

口座引落により借金の返済をしている場合もあります。通帳等がなかったり記載がまとめられたりしている場合は、インターネットで確認したり取引銀行の窓口で取引履歴の依頼をします（明細を発行してもらうと手数料がかかる）。

③ 登記事項証明書等の確認

不動産を所有していた場合、不動産を担保にして借金をしていることもあります。そこで、その不動産の登記事項証明書を取得して、「権利部（乙区）」を確認します。乙区欄に抵当権や根抵当権、質権が設定されている場合は、借金がある可能性があります。

図表　権利部（乙区）

権利部（乙区）（所有権以外の権利に関する事項）			
順位番号	当期の目的	受付年月日・受付番号	権利者その他の事項
1	抵当権設定	平成×年×月×日 第12××××	原因　平成×年×月×日金融消費貸借同日設定 債権額　金2,000万円 債権者　横浜市栄区笠間×丁目×番×号 山太郎 抵当権者　新宿区東新宿×丁目×番地 近代保証株式会社 共同担保　目録（き）6789号
付記1号	1番抵当権者変更	平成〇年〇月〇日 第47××××	原因　平成〇年〇月〇日変更 債権額　金500万円
2	地上権設定	平成〇年〇月〇日 第47××××	原因　平成〇年〇月〇日変更 目的　建物所有 存続期間　30年 地代　1平方メートル年15,000円 山田農園 地上権者　鈴木華子
3	1番抵当権者抹消	平成〇年△月△日 第18××××	原因　平成△年△月△日解除

また、自動車を所有している場合、車検証を確認して所有者欄が故人以外の名義になっているときは、自動車の購入にあたってディーラーローンなどを利用している可能性があります（ディーラーローンでは返済期間中の所有者は債権者（ディーラー）になっていることが多い）。

④ 信用情報の開示請求

　借金をしている場合、個人からの借入れ以外であれば、銀行等の金融機関、クレジット会社または消費者金融（以下「金融機関等」）が借入先であることがほとんどです。

　これらの金融機関等は信用情報機関を作っており、そこで借金などの借入れ情報を管理しています。信用情報機関に対しては、相続人であればその情報の開示を請求できますので、当該金融機関で借金をしていた場合はその開示請求により借金が判明します。

　開示請求先は、主な加盟金融機関等によって以下のとおり分かれています。

　　㋑金融機関

請求先	全国銀行個人信用情報センター
必要書類	① 登録情報開示申込書（HP からダウンロード可）
	② 手数料 1,000 円（定額小為替）
	③ 相続人の本人確認資料（運転免許証の写しなど）
	④ 故人の死亡を証する資料（死亡診断書など）
	⑤ 法定相続人であることを証する資料（発行日から 3 ヵ月以内の戸籍謄本等）

　　㋺クレジット会社

請求先	株式会社日本信用情報機構（略称：JICC）
必要書類	① 信用情報開示申込書（HP からダウンロード可）
	② 手数料 1,000 円（定額小為替）
	③ 相続人の本人確認資料（運転免許証の写しなど）
	④ 故人の死亡を証する資料（死亡診断書など）
	⑤ 法定相続人であることを証する資料（発行日から 3 ヵ月以内の戸籍謄本等）

第 3 部 　相続の流れと相続の基礎知識

㈅消費者金融

請求先	株式会社シー・アイ・シー（略称：CIC）
必要書類	① 信用情報開示申込書（HP からダウンロード可）
	② 手数料 1,000 円（定額小為替）
	③ 相続人の本人確認資料（運転免許証の写しなど）
	④ 故人の死亡を証する資料（死亡診断書など）
	⑤ 法定相続人であることを証する資料（発行日から 3ヵ月以内の戸籍謄本等）

	第4章	遺言書がない場合の相続

ポイント

相続においては誰が相続人かを確定しなければなりませんが、そのためには戸籍を集める必要があります。ここでは相続人の確認方法について解説します。

1 誰が相続人かを確認する

（1）法定相続人

遺言書がなく、相続分の指定がない場合は、民法の定める割合に従って、財産が相続されます。これを**法定相続分**といいます。法定相続人が数人いる場合の法定相続分は、次の各場合に分けて定められています。

① 共同相続人が配偶者と子である場合

配偶者と子だけの場合は、相続分はそれぞれ2分の1です。子が複数いる場合は、2分の1されたものを子の人数で分けることになります。

② 共同相続人が配偶者と直系尊属である場合

配偶者と直系尊属（故人の父母等）の場合は、配偶者の相続分は3分の2で、直系尊属は3分の1となります。直系尊属が複数いる場合は、①と同様に直系尊属の人数で分けます。

③ 共同相続人が配偶者と兄弟姉妹である場合

配偶者の相続分は4分の3で、兄弟姉妹の相続分は4分の1です。兄弟姉妹が複数いる場合は、兄弟姉妹の人数で分けます。

相続人	配偶者	その他の相続人
① 配偶者と子	1/2	1/2
② 配偶者と直系尊属	2/3	1/3
③ 配偶者と兄弟姉妹	3/4	1/4

上記にあるように、民法で定める相続人は、まず配偶者（妻または夫）

であり、他には血族に限定されています。もっとも、血族で相続人となる者の範囲は無限ではなく、直系卑属（子、孫など）、直系尊属（父母、祖父母）、傍系血族（兄弟姉妹、甥、姪など）に限られています。

(2) 配偶者

法定相続人の中で一番の権利者は配偶者です。配偶者はどんな状況でも相続人になります。

(3) 血族

血族で相続人となれる者には以下のような順位があります。

① 第1順位：直系卑属（子、孫、曾孫）

子がいる場合は、配偶者と子のみが相続できます。子がすでに亡くなっている場合には孫、孫が亡くなっている場合は曾孫が相続します（代襲相続）。

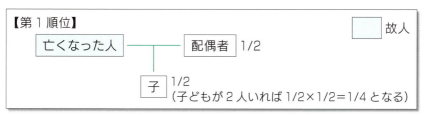

② 第2順位：直系尊属（父母、祖父母）

第1順位の相続人が存在しない場合、直系尊属が相続人になります。直系尊属は、子が一人でもいたら相続人にはなれません。父母が死亡している場合は祖父母が相続します。

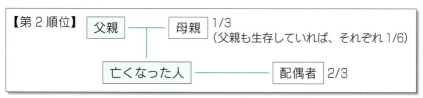

③ 第3順位：傍系血族

　第1順位の子や第2順位の父母・祖父母が存在しない場合は、傍系の兄弟姉妹が相続します。兄弟姉妹がすでに死亡している場合は、その子（姪・甥）が相続します（代襲相続）。

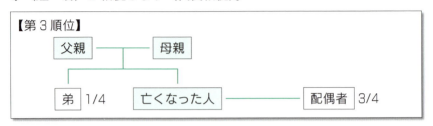

（4）養子の相続分

　養子は、養子縁組によって、養親の嫡出子（婚姻中に生まれた子）としての身分を取得します。そのため、子として、第一順位の相続人となります。なお、養子となる者に養子縁組時すでに子がいても、養子の子は代襲相続人にはなりません。養子の子が代襲相続人になり得るのは、養子縁組後に生まれた場合です。

（5）非嫡出子の相続分

　非嫡出子（婚姻外で生まれた子）は、認知を受ければ父の相続に関し相続権を主張することができます。

　なお、従来、非嫡出子の相続分は嫡出子の2分の1とされていましたが、2013年の民法改正によって嫡出子と同等となりました。

2 相続できない相続人

（1）相続欠格

　遺言書を書き換えたり、破棄したり、隠した者は、相続人としての地位を失います。これを**相続欠格**といいます。この場合は法律的に法定相

第3部　相続の流れと相続の基礎知識

続人の権利がなくなります。

　相続欠格の効果は以下のとおりです。

① 欠格事由に該当すると、当然に相続権を失う

② 欠格事由が相続開始前に発生したときはその時点から、相続開始後に発生したときは相続開始時に遡って、相続権を失う。

（2）相続人の廃除

　遺留分を有する推定相続人（配偶者、子、直系尊属）が、被相続人（亡くなった場合に相続人に財産を承継される人）に対して暴力を加えたり名誉や感情を害したりした場合、被相続人の申立てにより、当該推定相続人の、相続人としての資格を失わせることができます。これを相続人の**廃除**といいます。

　法律上当然に効果が生じる相続欠格とは異なり、相続人を廃除するには、被相続人が生存中に家庭裁判所に審判を申し立てるか（生前廃除）、遺言の効力が発生した後に、遺言執行者が家庭裁判所に申立てを行うことが必要です。なお、生前廃除の効果は、審判の確定によって生じ、遺言廃除の効果は相続開始時に遡って生じます。

③ 相続人がいない場合

　相続人がいない場合は次のような流れで対応します。

① **相続財産管理人の選任**

　　利害関係人または検察官の請求で、家庭裁判所が相続財産管理人を選任します

② **相続人の捜索**

　　相続財産管理人は、公告などの手続きで相続人の存否を調査します。

③ 相続財産の清算

　　相続財産管理人は、相続財産目録を作成したり、不動産を相続財産法人名義に変更する登記を行ったり、債権の届出をしてきた債権者や受遺者に対して、相続財産から支払いを行い、相続財産の清算を行います。

④ 特別縁故者

　　相続人の捜索を経ても相続人の存在が明らかとならず、相続財産管理人の清算手続きを経ても残余財産が存在する場合には、残余財産を特別縁故者※に分与する制度があります。

⑤ 国庫への帰属

　　相続人の不存在が確定し、特別縁故者への残余財産の分与をしてもなお残余する財産がある場合、残余財産は国庫に帰属します。

※ 特別縁故者とは、①故人と生計を同じくしていた者、②故人の療養看護に努めた者、③その他故人と特別の縁故があった者をいい、法人もなることができるとされ、家庭裁判所に対して相続財産の全部または一部の分与を申し立てることができます。

4 戸籍の集め方

　実際に相続が開始された場合、各種の手続きにあたって、**戸籍謄本（全部事項証明）、除籍謄本、改製原戸籍**等（以下、総称して「戸籍等」）を集めなければならないケースが多くあります。

　では、戸籍等はどのように集めればよいのでしょうか。

　各市区町村により必要書類や手数料等が異なりますので、詳細は各市区町村へ問い合わせたりホームページ等により確認してください。

（1）死亡の事実を確認するための書類

亡くなったことを確認するための書類としては、次のものがあります。

① 故人の住民票の除票
② 故人の除籍謄本（除籍全部事項証明書）等

① 住民票の除票

　住民票の除票は、亡くなった人の住所地の市区町村の役所に請求します。請求は個人情報保護の観点から誰でもできるわけではなく、故人と同一世帯の人や同一世帯ではない相続人など請求できる人は限定されています。

図表1　住民票

東京都中野区						住　民　票							除票
世帯主	近代　寅雄								住民票コード				
氏名	キンダイ　アキコ 近代　明子		生年月日 昭和21年10月30日		性別 女	続柄 妻			住民となった年月日 平成 4 年 8 月 8 日				
住所	中央○丁目 × 番△号				住定年月日	平成 4 年 8 月 8 日　転居 平成29年 3 月 1 日　死亡			届出年月日	平成 4 年 8 月10日 平成29年 3 月 2 日			
本籍	○○北 1 丁目							筆頭者	近代　寅雄				
転入前	東京都 ×× 市砂川 1 丁目 1 番地												
転出先													
備考													

この写しは、住民票の原本と相違ないことを証明する。
　　　　　　平成29年 3 月 2 日
　　　　　　　　　　中野区長　　中野　太郎　　公印

請求にあたっては次の書類等が必要です。

・故人と請求者との関係が分かる資料（親子であること等）
・請求者自身の本人確認書類の提示・申請書の記載（取得する理由等）
・その他、発行手数料の納付

なお、除票の請求は「第三者」でもできることになっていますが、こ
こでいう第三者とは、同一世帯以外の相続人（結婚して住民票上被相続
人と別世帯となっている子どもなど）や弁護士など専門職が戸籍法等に
基づいて行う職務上請求の場合などケースに応じて請求できる者は限定
されています。

② 除籍謄本（除籍全部事項証明書）等

　亡くなった人の死亡が記載されている戸籍（除籍謄本、または戸籍謄
本で被相続人が除籍となっているもの。以下、合わせて「除籍謄本等」）
は、本籍地の市区町村の役所に請求します。本籍地は、①の住民票除票
の記載からも確認できます。請求にあたっては次の書類等が必要です。

> ・故人と請求者との関係が分かる資料（親子であること等）
> ・請求者自身の本人確認書類の提示・申請書の記載（取得する理由等）
> ・発行手数料の納付

　また、本籍地が遠方の場合は郵送での申請も可能ですので、市区町村
に問い合わせるとよいでしょう。

（2）相続人を特定するための書類

　相続人全員を特定するために戸籍等を収集する必要がありますので、
故人が生まれてから亡くなるまでのすべての戸籍を集めます。

　戸籍は、婚姻や転籍、法改正などによってたびたび作り直されますが、
戸籍を作り直すと、それ以前に抹消された情報は新しい戸籍に記載され
ません。そこで、過去の戸籍を順に遡って集めて故人の相続関係を確認
していくのです。

　図表2の除籍謄本等では、死亡により除籍となった寅雄氏のほか、
妻（明子）と二女（良子）の記載はありますが、長女（恵子）等の記載
がありません。これは、この除籍謄本等には、改製日（平成13年1月
1日）より以前に抹消された情報、例えば、それ以前に長女が婚姻によ

第3部　相続の流れと相続の基礎知識

図表2　除籍謄本

本　　　籍	東京都中野区中央1丁目13番9
氏　　　名	近代寅雄
戸籍事項 　戸籍改製	【改製日】平成13年1月1日 【改製事由】平成6年法務省令第51号附則
戸籍に記録されている者 　除　籍	【名】寅雄 【生年月日】昭和21年2月3日 【父】近代熊吉 【母】近代花子 【続柄】二男
身分事項 　出　生	【出生日】昭和21年2月3日 【出生地】東京都中野区 【届出日】昭和21年2月10日 【届出人】父
婚　姻	【婚姻日】昭和50年10月10日 【配偶者氏名】未来明子 【受理者】東京都立川市 【従前戸籍】東京都新宿区××7丁目7番地7　近代熊吉
死　亡	【死亡日】平成28年12月12日 【死亡時分】午前3時30分 【死亡地】東京都新宿区 【届出日】平成28年12月15日 【届出人】親族　近代明子
戸籍に記録されている者	【名】明子 【生年月日】昭和21年10月30日【配偶者区分】妻 【父】未来牛太郎 【母】未来正子 【続柄】三女
身分事項 　出　生	【出生日】昭和21年10月30日 【出生地】東京都杉並区 【届出日】昭和21年11月5日 【届出人】父
婚　姻	【婚姻日】昭和50年10月10日 【配偶者氏名】近代寅雄 【受理者】東京都××市 【従前戸籍】東京都新宿区杉並区○○北1丁目1番地5　未来牛太郎
配偶者の死亡	【配偶者の死亡日】平成28年12月12日
戸籍に記録されている者	【名】良子 【生年月日】昭和55年2月28日 【父】近代寅雄 【母】近代明子 【続柄】二女
身分事項 　出　生	【出生日】昭和55年2月28日 【出生地】東京都立川市 【届出日】昭和52年3月5日 【届出人】父
	以下余白

改製日（作製日）を確認。この戸籍には同日以降の出来事が記載されていることになる（改製日前に結婚や死亡等で除籍等された人は現行戸籍には記載がない）

被相続人が除籍されていること、および被相続人の氏名や生年月日等を見て預金者と同一であることを確認

配偶者や子どもがいればこのように記録される

子どもが結婚等により除籍された場合はなにも記載されない。除籍されている場合この子ども（恵子）が生存しているかこの戸籍謄本では分からないため、別途、恵子の現行戸籍の謄本を確認する

発行番号　戸籍第一係　01-67891
これは、戸籍に記録されている事項の全部を証明した書面である。
平成30年4月10日

中野区長　山田二郎

公印

戸籍謄本が発行された日付を確認。これにより、この戸籍謄本は平成13年1月1日～平成30年4月10日までの出来事が記載されている

91

り除籍となったこと等が記載されていないからです。そこで、この除籍謄本等のひとつ前の戸籍を収集する必要があります。

　除籍謄本の場合には、「改製」のもととなる戸籍（これを「改製原戸籍」という）を集めます。

　このようにして除籍謄本等から順に遡って集めていきますが、その際のポイントは次のとおりです。

---

① 戸籍が編成（改製）された理由を手掛かりに、ひとつ前の戸籍を市区町村の役所に請求する

② 集まった戸籍の編製日（改製日）と消除日を確認し、空白期間が生じないよう連続させる

③ 被相続人がある戸籍に複数回出入りしているときは、あいだの戸籍も取得する

④ 戸籍の編製日（改製日）が故人の生年月日より古いものとなるまで戸籍を遡って収集する

---

① 戸籍が編成（改製）された理由を手掛かりに、ひとつ前の戸籍を市区町村の役所に請求する

　戸籍には、その戸籍が編成された理由が記載されています。例えば、筆頭者が婚姻したことにより戸籍が編成された場合、婚姻の届出日、配偶者氏名、従前戸籍の所在地と筆頭者等が記載されます。また、転籍したことで戸籍が編成された場合には、転籍の届出日、従前戸籍の所在地等が記載されます。

　そこで、従前戸籍の所在する市区町村から、遡った戸籍謄本を集めます。個人情報保護の観点から、請求者や取得理由に制限があるのは前記のとおりです。

② 集まった戸籍の編製日（改製日）と消除日を確認し、空白期間が生じないよう連続させる

第3部　相続の流れと相続の基礎知識

戸籍の冒頭部分（横書きの場合、「戸籍事項」欄）や欄外に、その戸籍の編製日（改製日）と消除日が記載されます（なお、現在も有効な戸籍の場合には消除日の記載はない）。

複数の戸籍が集まったら、各戸籍を年代順に並べ、空白期間がなく連続しているのか確認し、空白期間がある場合には、それを埋める戸籍を追加で集めます。

③ 被相続人がある戸籍に複数回出入りしているときは、あいだの戸籍も取得する

例えば、故人が婚姻と離婚を繰り返し、一つの戸籍（被相続人の父等）に出入りを繰り返している場合があります。この場合、婚姻中、別の戸籍に入っているので、その婚姻していたときの戸籍も集める必要があります。

④ 戸籍の編製日（改製日）が故人の生年月日より古いものとなるまで戸籍を遡って収集する

以上の①〜③の作業を、戸籍の編製日（改製日）が、故人の生年月日よりも古いものとなるまで続けます。

戦災による焼失や保存期間の経過による廃棄などにより、古い戸籍等が取得できず、生まれた時点まで戸籍等を遡れないことがあります。その場合、市区町村によって、戸籍等が廃棄されていることの証明書などの発行を受けられる場合もありますので、市区町村に確認しましょう。

（3）相続人が生存していることを確認するための書類

最後に、上記（2）で特定した各相続人が生存し、相続の権利を有していることを確認する書類を集めます。

例えば、婚姻等をした相続人は、上記（2）で集めた戸籍謄本等だけでは、婚姻等により除籍となった後の状況が明らかにならないので、婚姻等をした相続人について、婚姻等により新たな戸籍が編成された市区町村役場から、現在戸籍を集める必要があります。

5 法定相続情報証明制度

（1）法定相続情報証明制度とは

　これまで不動産の登記や銀行での相続手続きには、故人の相続関係を確認するために膨大な戸籍謄本・改製原戸籍・除籍謄本（以下「戸籍等」）を集めなければならない場合がありました。しかも、不動産の登記や銀行での手続きを並行して行おうとすると、戸籍謄本等が複数セット必要になったりもします。

　このようなデメリットを解消するため、法定相続情報証明制度の運用が2017年5月29日から開始されました。

　法定相続情報証明制度とは、相続人が法務局（登記所）に必要書類や相続関係を一覧にした法定相続情報一覧図を提出しておけば、登記官が必要書類の内容を確認し、認証文言付きの法定相続情報一覧図の写しを無料で交付するというものです。

　ただし、亡くなった人や相続人の中に日本国籍を有しない人がいる場合など、戸籍謄本等を添付できない場合は、法定相続情報証明制度が利用できません（2018年9月1日時点）。

（2）利用に必要な準備

　法定相続情報証明制度の利用申出にあたっては、次の書類が必要となります。

---

① 故人の戸籍謄本等（出生から亡くなるまでの連続した戸籍謄本等）

② 故人の住民票の除票

③ 相続人全員の現在戸籍謄抄本

④ 申請人の氏名住所を確認できる公的書類　など

　法定相続情報証明制度を利用するとしても、一度は故人の戸籍等を収集しなければならないので、戸籍等を利用する手続きが多くない場合に

第3部　相続の流れと相続の基礎知識

図表3　法定相続情報一覧図

別記第1号様式

法定相続情報一覧図の保管及び交付の申出書

（補完年月日　平成　　年　　月　　日）

申 出 年 月 日	平成30年　7月10日	法定相続情報番号	-　　　　-
被相続人の表示	氏　　　名　海法　勇 最後の住所　○○市▲▲町一丁目1番1号 生年月日　昭和27年　10月　10日 死亡年月日　平成30年　5月　15日		
申 出 人 の 表 示	住所　○○市▲▲町一丁目1番1号 氏名　　　海法　春子　㊞ 連絡先　　000-000-0000 被相続人との続柄　（　　　妻　　　）		
代 理 人 の 表 示	住所（事務所） 氏名　　　　　　　　　　㊞ 連絡先　　　　-　　　- 申出人との関係　□法定代理人　　□委任による代理人		
利 用 目 的	☑不動産登記　☑預貯金の払戻し　☑相続税の申告 □その他（　　　　　　　　　　　　　　　　　　　　　　）		
必要な写しの通数・交付方法	3 通　（　☑窓口で受取　□郵送　） ※郵送の場合、送付先は申出人（又は代理人）の表示欄にある住所（事務所）となる。		
被相続人名義の不動産の有無	☑有 □無	（有の場合、不動産所在事項又は不動産番号を以下に記載する。） ○○市▲▲町一丁目1番	
申出先登記所の種別	□被相続人の本籍地　　　☑被相続人の最後の住所地 □申出人の住所地　　　　□被相続人名義の不動産の所在地		

　上記被相続人の法定相続情報一覧図を別添のとおり提出し、上記通数の一覧図の写しの交付を申出します。交付を受けた一覧図の写しについては、相続手続においてのみ使用し、その他の用途には使用しません。
　申出の日から3か月以内に一覧図の写し及び返却書類を受け取らない場合は、廃棄して差し支えありません。

　　　○○　（地方）法務局　　　○○　支局・出張所　　　　　　　宛

> 利用目的がその他の場合、単に「相続目的」とせず、具体的に（例えば「株式の相続手続」など）記入する

> 窓口で受け取る場合は、受取人確認のため申出人の表示欄に押印した印鑑を持参する必要がある
> 郵送での受け取りの場合、返信用封筒と郵便切手が必要

> 申出をする登記所は、このうちのいずれかに該当する登記所でなければならない

（サイドタブ）
相続の流れ／相続の仕組み／相続する財産について／遺言書がない場合の相続／遺言書がない場合の遺産の分け方／遺言書がある場合の遺産の分け方

95

図表4　法定相続情報

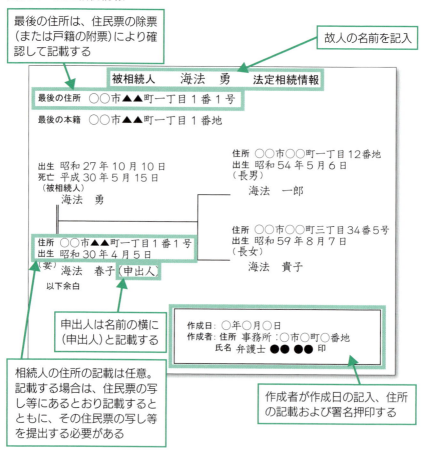

は、法定相続情報証明制度を利用するメリットは大きくありません。

　法定相続情報一覧図は申出人が作成する必要があります。ただし、代理人（弁護士等の資格者や民法上の親族）が作成することも認められています。
　相続情報一覧図はA4縦の用紙で作成し、登記官が認証文を付すため用紙の下から5センチはなるべく文字等を記載しないようにします。

第3部　相続の流れと相続の基礎知識

　法定相続情報証明制度では、申出書に必要事項を記入し作成し登記所へ申出します。

　申出ができる登記所はどこでもいいわけではなく、次のところとなります。

---

① 故人の死亡時の本籍地
② 故人の最後の住所地
③ 申出人の住所地
④ 故人の名義の不動産所在地

　上記のいずれかを管轄する法務局（登記所）になります。

6 特別受益と寄与分

（1）亡くなった人から生前に贈与を受けていた場合（特別受益）

① 特別受益とは

　共同相続人の中に、亡くなった人から遺贈（遺言によって遺言者の財産の全部または一部を無償で共同相続人等に贈与すること）を受けたり生前贈与を受けるなど、なにかしらの財産をもらっている人もいます。こうした場合には、共同相続人間の公平を図るため、すでにもらっている財産について相続分の前渡しと考え、もらった分を相続財産に加算（持ち戻し）して相続分を計算することになっています。このもらった財産を、**特別受益**といいます。

② 特別受益の範囲

　以下のものは特別受益となり、持ち戻しされます。

遺贈	すべて特別受益
生前贈与	・婚姻、養子縁組のための贈与（持参金、嫁入り道具、支度金など・居住用不動産・営業資金など生計の資本としての贈与

ただし、生活費を面倒見てもらったり、遊興費支払いのため贈与を受けたりしたケースについては持ち戻しはされません。当然ですが、扶養義務に基づく援助も含まれません。

　教育費が特別受益といえるか、それとも扶養義務に基づく援助かどうかは、生前の資力、社会的地位、他の相続人がどのような教育を受けているか等の家庭状況といった諸事情を考慮されて判断されます。

③ 特別受益の持ち戻し免除

　故人が、生前持ち戻しをしなくてよいという意思表示をした場合は、その意思に従いますが、遺留分の規定に反することはできません。

(2) 相続財産の維持・増加に貢献した場合（寄与分）

　共同相続人に、財産の維持または増加に特別の寄与をした者がいるとき、その相続人に対して相続分以上の財産を与えることができます。これを**寄与分**といいます。

　寄与分を主張できるのは、共同相続人ですので、代襲相続人や養子も主張できます。これに対して、相続放棄者、相続欠格者、被廃除者は相続人ではないので寄与分を主張できません。

　寄与分が認められるには、「特別」な寄与があったといえる必要がありますが、この「特別」とは、通常期待される程度を超える貢献を指し、夫婦間の協力義務や親族間の扶養義務等、故人との身分関係に基づいて法律上の義務の履行としてなされる行為はこれに該当しません。

　多大な貢献があったとしても、結果として財産の維持増加が認められない場合は、寄与分は認められません。

　寄与分は、実務上以下の類型に分類されます。

㋑事業従事型	故人の家業等の事業に関する労務提供等がある場合	ⓐ特別の貢献 ⓑ無償性 ⓒ継続性 ⓓ専従性　が必要
㋺財産支出型	不動産購入資金の援助、医療費や施設入所費の負担等、故人に財産上の給付をする場合	ⓐ特別の貢献 ⓑ無償性　が必要
㋩療養看護型	故人の療養看護を行い、医療費や看護費用の支出を避けたことにより、財産維持に貢献した場合 なお、故人と同居し、家事の援助を行っている程度に過ぎない場合には、寄与分は認められないことが多い	ⓐ療養看護の必要性 ⓑ特別の貢献 ⓒ無償性 ⓓ継続性 ⓔ専従性　が必要
㋥扶養型	相続人が故人を扶養し、生活費等の支出を避けたことにより財産維持に貢献した場合	ⓐ扶養の必要性 ⓑ特別の貢献 ⓒ無償性 ⓓ継続性　が必要
㋭財産管理型	不動産の賃貸管理など、財産管理を行うことにより、財産の維持形成に貢献した場合	ⓐ財産管理の必要性 ⓑ特別の貢献 ⓒ無償性 ⓓ継続性　が必要

例えば特別受益と寄与分について次のようなケースを考えてみます。

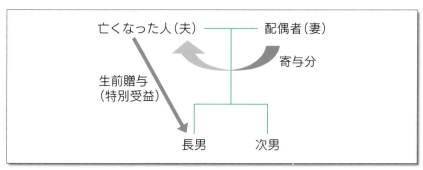

- 夫が死亡し、相続人が配偶者（妻）、長男および次男であり、相続財産（遺産）は1億円である。
- 配偶者には、夫の生前に財産管理や療養看護を行っていたとして、500万円の寄与分が認められた。
- 長男は、父親の生前、事業資金として1,000万円の贈与を受けていた。

① みなし相続財産

みなし相続財産は、まず1億円から配偶者の寄与分500万円を控除し、長男への1,000万円を加え、1億500万円となります（長男への1,000万円は特別受益にあたるので、現実に存在する相続財産1億円に加算（持ち戻し）する）。

② 各人の相続分

配偶者の法定相続分は2分の1、長男と次男は4分の1ずつなので、本来の相続分は、配偶者が5,250万円（1億500万円×1/2）、長男と次男はそれぞれ2,625万円（1億500万円×1/4）となります。

さらに、配偶者については寄与分500万円を加えるので5,750万円、長男については特別受益を控除するので1,625万円となります。

しがって、結論としては、以下のようになります。

・配偶者　5,750万円（寄与分500万円含む）

・長男　　1,625万円

・次男　　2,625万円

　合計　　　　1億円（合計額は現実に存在する相続財産の価額に一致する）

このように、配偶者については、単純に法定相続分では5,250万円となるところ、寄与分500万円が加算され5,750万円となり、長男については、法定相続分では2,625万円となるところ、特別受益（相続分の前渡し）1,000万円が控除され、1,625万円となっており、相続人間の公平が図られていることになります。

| 第5章 | 遺言書がない場合の遺産の分け方 |

遺言書がない場合の遺産の分け方

ポイント　遺言書がなく遺産を分ける場合は、相続人同士で遺産分割協議を行います。ここでは、この実施方法や、遺産分割協議の進め方などを解説します。相続人の中に認知症の方や未成年者などがいた場合の取扱いについても説明します。

1 遺産分割の方法

　相続が発生した場合、原則としては、相続財産は相続人各々の間で、法定相続分の割合で共有状態になるに過ぎません。

　共有状態では、不動産や株式など活用しにくい財産もあります。

　そこで、個々の遺産を（共同）相続人間でどのように分けるかを決める必要があります。これを遺産分割といい、以下では具体的な分割の方法について紹介します。

（1）現物分割

　遺産を構成する個々の財産の現物を、共同相続人にそのままの形態で分ける方法です。例えば、土地は妻に、建物は長男に、銀行預金は長女に、株式は次男に、というような分け方であったり、一筆の土地を分筆して、それぞれを共同相続人に取得させるといった方法です。

（2）代償分割

　現物を共同相続人の中の一人または数人に取得させ、その代償として取得者には、現物を取得しなかった他の相続人に対する債務(自己の法定相続分を超える部分に相当する代償金の支払い)を負担させる方法です。

　例えば、共同相続人AとBがおり、相続財産は居住用の不動産のみで、Aは以前からこの不動産に居住しているので、この不動産をAに取得

101

させる代わりに、法定相続分を超える部分に相当する代償金を、Bに対して支払うといったものです。

(3) 換価分割

相続財産を売却等で換金し、その価格を（共同）相続人間に分配する方法です。価値を著しく損なう等の理由で現物分割が困難な場合や、共同相続人に代償金の支払い能力がない等の理由で代償分割もできないような場合に行われます。

(4) 分割方法の優先順位

遺産分割協議においては、当事者が合意する限り、上記いずれの方法でもかまいません。

遺産分割調停または審判においても、調停委員や審判官を交え、協議が行われることになるので、上記のいずれの方法もできます。

もっとも、基本的な考え方としては、次のような流れになっています。

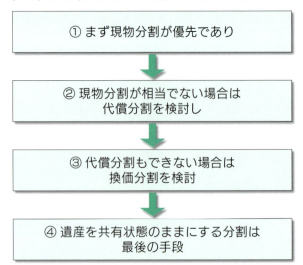

第3部　相続の流れと相続の基礎知識

2 遺産分割の手続き

（1）相続人間の協議による分割（遺産分割協議）

　共同相続人全員の合意により遺産を分割する手続きです。共同相続人は、故人が遺言書で分割を禁じた場合を除き、いつでもその協議で遺産の分割をすることができます。

　つまり、遺言書で遺産分割を禁じているようなケース以外では、遺言書があったとしても、協議によって遺言書と異なる内容の遺産分割を行う場合があるということです。もっとも、遺言書が相続人間の紛争を巻き起こす場合もありますので、遺言書が存在する場合、そのとおり分割を行うのか、協議で行うのかを慎重に検討する必要があります。

　遺産分割協議の成立には、共同相続人全員の合意が必要です。全員の合意がある限り、分割の内容は共同相続人の自由に定めることができます。また、分割の態様についても、現物分割、代償分割、換価分割等、自由な方法がとれます。

（2）家庭裁判所の調停による分割

　分割協議がまとまらないときや協議ができないときは、各共同相続人は家庭裁判所に対して分割を請求できます。なお法律上、遺産分割調停の申立てを経ずに、下記（3）の遺産分割審判を申し立てることも可能ですが、通常の場合、家庭裁判所は、まず調停手続きを行い、話し合いによる解決を試みるのが一般的です。

　調停分割は、家事審判官（＝裁判官）の監督のもと、調停員が話合いの仲立ちをしてくれること、および合意が成立した場合作成される調停調書の記載には確定した審判と同一の効力（強制執行ができる）があることが特徴です。

　遺産分割調停は、次のような手順で進行することが一般的です。

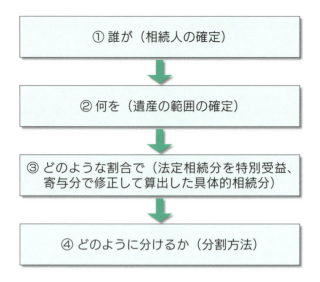

(3) 家庭裁判所の審判による分割（遺産分割審判）

　遺産分割調停が不成立となった場合、審判手続きに移行し、審判分割においては、家庭裁判所の審判官が、民法906条の分割基準に従って、遺産分割の仕方を定め、分割します。審判においては、話し合いでまとまらない場合であっても、裁判所の判断によって遺産分割の方法を決めてもらえる点、および審判書を債務名義として強制執行ができる点が利点といえます。

　他方、審判においては、審判官によって法律に従った分割がなされるので、協議分割や調停分割のように当事者間で自由な分割内容を決めることはできない点が欠点といえます。

3 遺言書があっても遺産分割協議で分けられるのか

　遺言があっても、常にそのとおりに分けなければならないわけではありません。ただし、遺言執行者がいる場合といない場合で取扱いは異なります。

遺言執行者が いる場合	遺言執行者は、相続財産の管理その他遺言の執行に必要な一切の権限を有するので、相続人は、遺言執行を妨げる行為をすることができない。 遺言執行者は、相続人の意向にかかわらず、遺言書の記載のとおり、遺言執行を行う。
遺言執行者が いない場合	共同相続人全員の同意があれば、遺言書と異なる内容の遺産分割を行うことができる。 ただし、遺言書で遺産分割が禁止されている場合は、最大5年間の間、遺産分割をすることはできない。

　もっとも、遺言執行者や受遺者がいる場合であっても、遺言執行者および受遺者※が同意しているのであれば、相続人は、遺言書と異なる内容の遺産分割をすることができます。

※受遺者：遺言によって財産を受ける人

4　相続人の中に認知症の疑いがある者がいる場合

　遺産分割は、共同相続人全員の合意が必要であり、共同相続人の誰かを除いてなされた遺産分割は、無効となります。相続人全員が揃っていたとしても、相続人に、遺産分割という法律行為を行う能力（意思能力）が備わっていなければなりません。そうでないと遺産分割について有効な合意をなしたとはみなされないのです。

　そのため、共同相続人の中に認知症の疑いのある人がいると、場合によってはその共同相続人に意思能力が認められず、そのままでは有効に遺産分割ができないおそれがあります。

　意思能力の有無は個別具体的に判断されるので、当事者としては有効であると考えていた遺産分割が後に無効となるなど、取引の安全が害される可能性があります。

　そこで、成年後見制度を用意し、精神上の障害により事理を弁識する能力を「欠く者」「著しく不十分な者」「不十分な者」を家庭裁判所の審判により、それぞれ成年被後見人・被保佐人・被補助人とし、成年後見

人・保佐人・補助人を付すことができるようにしています。

　共同相続人の中に、認知症の疑いのある人がいる場合、まずは法務局で成年後見に関する「登記事項証明書」あるいは「登記されていないことの証明書」を請求して、その共同相続人が、成年被後見人、被保佐人または被補助人になっていないか確認します。要は成年後見人がいないかなどをチェックすることです。

　後見人等が選任されている場合に遺産分割をするには、原則として次のようなことを行います。

成年後見人	本人の代理として遺産分割に参加
保佐人	本人に代わって同意等の権限を行使
補助人	家庭裁判所により遺産分割の同意を要する旨の審判がなされているときの同意

　成年後見制度を利用していない場合は、本人に意思能力が認められるかどうか、認知症の程度や、当該遺産分割の内容等により、個別具体的に判断されることとなりますが、判断が難しい場合は、その時点で成年後見制度の利用を検討します。

　相続人に認知症の疑いがあったとしても、判断能力の検査をしなければ遺産分割ができないということはありませんが、遺産分割を行って相続人の1人が認知症により遺産分割時に意思能力（有効に法律行為を行う能力）がなかったと判断されると、その遺産分割は全部無効となります。

　このように無効となるリスクを避けるために、成年後見制度の利用を検討したほうがよいでしょう。

⑤ 相続人の中に未成年者がいる場合

　相続が発生した場合、未成年者（20歳未満。民法の改正により2022

年4月から、18歳未満）も相続人となりますが、単独で遺産分割をすることができません。そのため、法定代理人である親権者（通常は父母）が、子の遺産分割協議、調停、審判に参加することになります。

なお、未成年者でも婚姻をしたときは、これによって成年に達したものとみなされます。

父母が親権者である場合、例えば子の父親が亡くなり、相続人が妻と子であるような場合においては、遺産分割協議により、妻（母）がより多くの遺産を取得しようとすれば、他方で子の取得分が少なくなるので、親子間で利益が相反することになります。

このような場合に、親権者（母）が子の法定代理人として遺産分割協議をすることになれば、子の利益を不当に侵害する可能性もあるので、家庭裁判所において、利益相反関係のない特別代理人を選任することになっています。家庭裁判所から選任された特別代理人が、未成年者に代わって遺産分割協議等に参加することになります。

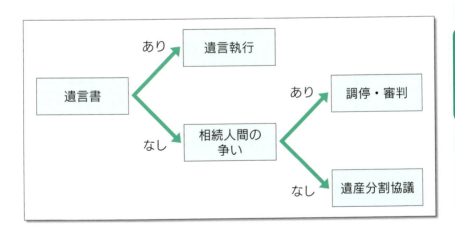

第6章	遺言書がある場合の 遺産の分け方

ポイント

遺言書がある場合は、基本的には財産を遺言書どおり分割しますが、その際遺留分に気を付けなければなりません。ここでは、遺留分と遺留分減殺請求について解説します。

1 遺言の限界

（1）遺留分制度とは

遺産相続において遺言書があり、そこに例えば「長男には一銭もやらない！」とあったらどうでしょう？　家族で争いが起こるかもしれません。

相続では亡くなった人による財産処分の自由と相続人の生活の安定・財産の公平な分配というそれぞれの要請を調整する制度として**遺留分制度**というものがあります。

遺留分制度とは、法定相続人に対して相続財産の一定割合について、承継することを保障している制度で、相続財産のうち、相続人に一定割合の取得が保障されている持分的利益を**遺留分**といいます。

先に、亡くなった人は自分の財産について遺言を利用して自由に処分できるというようなお話しをしましたが、すべての財産を自由に処分できるのではなく、一定割合の制限が加えられているということになります。

遺留分を侵害する遺贈や贈与であっても、そのままであれば基本的には有効となります。そのため遺留分を侵害された個々の相続人が、遺留分権の行使（**遺留分減殺請求**）をします。

遺留分減殺請求によって、遺留分を侵害する限りで当該遺贈や贈与は無効となり、遺留分権利者に対し、遺留分に相当する財産が現物や価額

で返還されることになります。

　遺留分減殺請求を行うためには、相手方に遺留分減殺請求権を行使する旨の意思表示を行えばよく、裁判を提起しなければ行えないというものではありません。

　ただし、遺留分減殺請求権は行使できる期間が限られており（減殺すべき贈与または遺贈があったことを知ったときから1年間）、いつ遺留分減殺請求の意思表示を行ったのかをあとで確認できるように、配達証明付内容証明郵便で意思表示を行うことが一般的です。

（2）遺留分を有する相続人

　遺留分を有する相続人は、兄弟姉妹以外の法定相続人、すなわち、配偶者、子、直系尊属となっています。兄弟姉妹には遺留分は認められていません。

　そのため、胎児であっても、生まれてきたときに子としての遺留分が認められますし、子の代襲相続人（孫など）も遺留分を有します。もっとも、相続欠格者、相続を廃除された者、相続放棄者は相続人でないので遺留分はありません。

　ただし、相続欠格および相続人の廃除の場合は、代襲者が相続人となり、遺留分を有します。

（3）遺留分の割合

　遺留分権利者全体の遺留分の割合は、次のとおりです。
① 直系尊属のみが相続人の場合は、財産の3分の1
② その他の場合は財産の2分の1

　そして、相続人が複数いる場合には、遺留分権利者全体の遺留分の割合に、法定相続分の割合を乗じて、相続人ごとの遺留分割合を算出します。

遺留分割合

相続人	遺留分割合
配偶者と子	配偶者：1/4　子：1/4
配偶者と祖父母	祖父母：1/6　配偶者：1/3
配偶者と兄弟姉妹	配偶者：1/2
子	子：1/2
配偶者	配偶者：1/2
祖父母	祖父母：1/3
兄弟姉妹	遺留分なし

　例えば、法定相続人が、Aの妻B、長男Cおよび次男Dである事例において、Aが遺言で長男Cに全財産を相続させるとしていたらどうでしょうか。

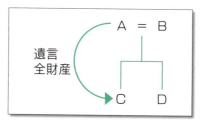

　まず、遺留分権利者全体の遺留分は、「直系尊属のみが相続人」ではないので、Aの財産の2分の1となります。
　各相続人の遺留分割合
　妻B：法定相続分は1/2 → 1/4（1/2×1/2）
　次男D：法定相続分は1/4 → 1/8（1/4×1/2）

　妻Bと次男Dは、長男Cに対して、遺言により取得した財産のうち、妻Bは1/4、次男Dは1/8に相当する分の返還を求めることができます（遺留分減殺請求）。

第4部

相続税の申告・納税

　相続税は「自己申告制度」の税金であり、遺産分割協議とは異なり、申告および納税には期限があり、その期限は10ヵ月となっています。

　それまでに分割協議をし納税しなければなりませんので、しっかりとした知識を持っておきたいものです。

| 第1章 | 相続税の基本 |

> **ポイント**　相続税は自己申告ですので、自分で計算し申告します。ここでは、相続税とは何か、相続税の計算の流れなどを紹介します。

1 相続税とは

　人が亡くなったことにより財産を無償で譲り受けた場合、譲り受けた人などに課税される国の税金です。現在、相続税を納付しなければならない割合は、死亡者数に対して約8％となっています。

　相続税は、相続により財産を譲り受けた人が、相続税の納税義務があるかを確認し（右図参照）、その必要がある場合には、自ら①相続税を計算し、②申告書を作成して、③納税する、「自己申告制」の税金です。

　その基本的なルールは以下のとおりです。

（1）誰が申告書を提出するのか

　亡くなった人（被相続人）の財産を集計し、プラスの財産からマイナスの財産を差し引いた純財産額が基礎控除額（3,000万円＋600万円×法定相続人の数）を超える場合に課税されます。逆にいえば、純財産額が、基礎控除額を超えない場合には申告も納税も必要ありません。

　子どもが複数いる場合など相続人等が2人以上いる場合には連名にて共同して申告書を提出することができます。実務上は共同申告の場合がほとんどです。

（2）いつまでに申告書を提出するのか

　相続税の申告書は、原則として、被相続人が死亡したことを知った日

第4部 相続税の申告・納税

●申告が必要かどうか

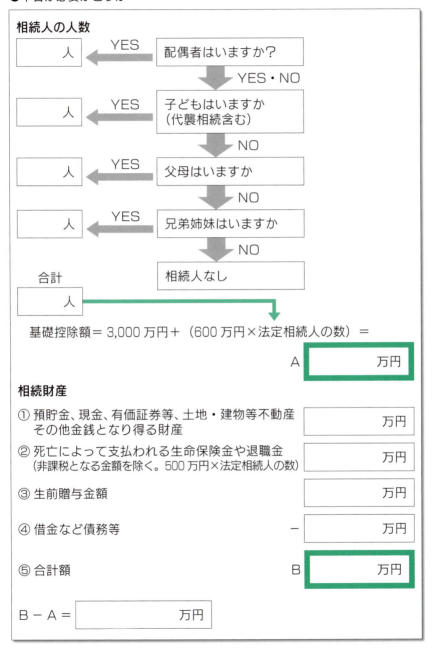

の翌日から **10ヵ月以内**に、提出しなければなりません。なお、この期限が土曜日、日曜日、祝日などに当たるときは、これらの日の翌日が期限となります。

(3) 相続税はどのように納付するのか

相続税は、その申告期限（提出期限同様10ヵ月以内）までに、原則として金銭一括納付を原則とします。「**納付書**」に納税額を記入し、金融機関で納付します。

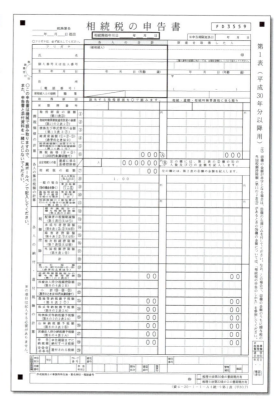

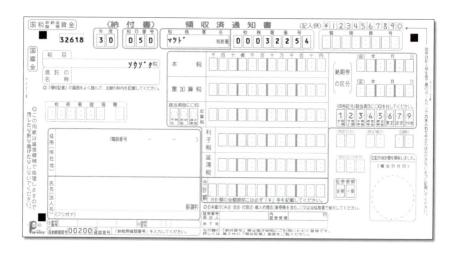

第 4 部　相続税の申告・納税

ただし、遺産のほとんどが不動産であるような場合など、金銭による納付が困難な場合も考えられます。このような場合には、何年かに分けて相続税を納付する「**延納制度**」、相続等で承継した財産そのもので納付する「**物納制度**」があります。

延納や物納を希望する場合には、申告書の提出期限までに税務署に申請書などを提出し、税務署長の許可を受けなければなりません。

2　相続税の計算の流れ

相続税の算出計算の流れは次頁の**図表**のとおりで、①課税価格の計算、②相続税額の総額の計算、③各相続人の納付税額の計算の大きく3段階から構成されています。

(1)　課税価格の計算

被相続人の遺産のうち相続税がかかる財産またはお墓などの非課税財産を整理し、死亡生命保険金を加えたり借入金などの債務や葬式費用を控除したりして、純財産額を計算します。これが課税価格となります。

この過程で「実家の土地はいくらなのか？」などの財産の評価作業が出てきます。

(2)　相続税額の総額の計算

相続税の計算においては、相続人一人ひとり相続した財産からそれぞれの相続税額を算出するのではなく、全体の課税価格（純財産額）から基礎控除額を控除し、相続税率を乗じて被相続人の財産全体に対する相続税の総額を計算します。

(3)　各相続人の納付税額の計算

相続税の総額を計算した後に、その相続税を誰が納付するかを計算し

115

ます。配偶者や障害者などの各相続人の状況、生前贈与の状況などを踏まえ、それぞれが相続した割合を計算し、各相続人が納付すべき相続税額を決定します。

●相続税額計算の流れ

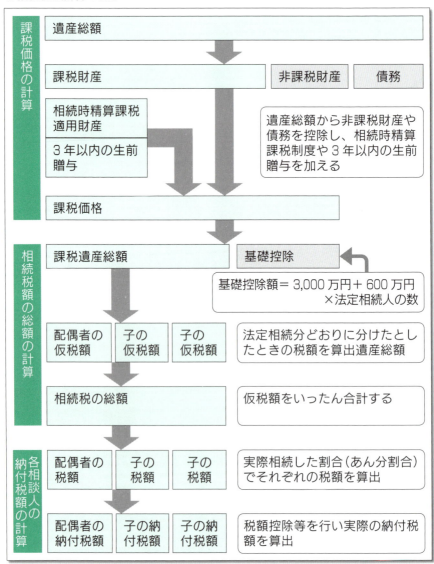

| 第2章 | **相続税がかかる財産とかからない財産** |

> **ポイント**
>
> 相続財産には相続税が「課税される財産」「課税されない財産」があります。どのような財産がそれらに当たるのかを確認しましょう。

1 相続税がかかる財産

相続税がかかる財産（課税財産）は、相続や遺贈により取得した財産です。ここでいう財産とは、金銭に見積もることができる経済価値のあるものすべてが含まれますので、現金、預貯金、有価証券、土地、家屋、家庭用財産、骨董品などのほか、貸付金などの債権、信託の受益権なども含まれます。

日本国内に居住していた被相続人については国内にある財産はもちろん、海外にある財産についても日本の相続税の対象となります。

現金・預貯金・有価証券・土地・家屋・家庭用財産・骨董品・貸付金などの債権・信託の受益権　など
その他海外にある財産

---

2 相続税がかからない財産（非課税財産）

被相続人が遺した財産のうちには、その財産の性質、社会政策的な見地、国民感情等から見て相続税の課税対象とすることが適当でない財産があります。

このような財産は相続税の課税対象としないこととしています。こうした財産を非課税財産といい、次のようなものがあります。

① 祭祀財産（墓所、霊びょう、仏壇、仏具など）

② 心身障害者扶養共済制度に基づく給付金の受給権

③ 死亡生命保険金のうちの一定金額

④ 死亡退職金のうちの一定金額

⑤ 国等に寄附した相続財産

⑥ 勤務先から支払われる弔慰金のうち一定金額　など

課税財産の例示と確認方法

種類	細目	財産の例示、利用区分等	参考
土地（土地の上に存する権利を含む）	田畑	自用地、貸付地、賃借権（耕作権）、永小作権	・農業委員会の農地の証明書 ・市町村役場の固定資産評価証明書
	宅地	自用地（事業用、居住用、その他）、貸付地、貸家建付地 借地権（事業用、居住用、その他）	・固定資産評価証明書 ・税務署の路線価図または倍率表
	山林	普通山林、保安林（またはこれらに対する地上権、賃借権）	・固定資産評価証明書
	その他の土地	原野、牧場、池沼、鉱泉地、雑種地（またはこれらに対する地上権、賃借権、温泉権または引湯権）	・固定資産評価証明書
建物	家屋 構築物	自用家屋、貸家 駐車場、養魚池、広告塔	・固定資産評価証明書 ・減価償却資産台帳
事業（農業）用財産	機械、器具、農機具、その他の減価償却資産	機械器具、農機具、自動車、船舶など	・名称と年式
		牛馬等（農耕用、乳牛など）	・用途と年齢
		果樹（柑橘、梨、ぶどう、桃、柿、琵琶、栗、梅、茶）	・樹種、樹齢
		営業権	・事業の種目と商号
	商品、製品、半製品、原材料、農産物等	商品、製品、半製品、原材料、農産物等の別にそれらの明細を記載する	・商品有高帳、在庫品明細帳等
	売掛金		・売掛金元帳等
	その他の財産	電話加入権	・加入局と電話番号
		受取手形その他	・受取手形記入帳
有価証券	特定同族会社株式、出資	配当還元方式によるもの	・会社の配当率
		その他の方式によるもの	・会社の営業報告書、決算書等
	上記以外の株式出資	上場株式、気配相場のある株式	・新聞の経済欄、証券新聞等の取引相場の分かる書類
	公債、社債	国債、地方債、社債、外国公債	
	受益証券	証券投資信託、貸付信託の受益証券	
現金、預貯金等	現金	金銭、小切手	・被相続人の手許
	預金 貯金 その他	普通預金、当座預金、定期預金、通常郵便貯金、定額郵便貯金、定期積金、金銭信託など	・預金の残高証明（利息の分も含む）通帳等
家庭用財産	生活用具	家具、什器	・名称
その他の財産	みなし相続財産 生命保険金等		・保険契約の内容
	みなし相続財産 退職手当金等		・支給の内訳
	みなし相続財産 その他のみなし相続財産	契約に関する権利 利益の享受等	
	立木	杉、ひのき、松、くぬぎ、雑木等	・樹種、樹齢（保安林であるときはその旨）
	装身具	貴金属、宝石	・名称、材料
	趣味用品	競走馬、ゴルフ会員権、ヨット、書画、骨董、スポーツ用品	・用途、銘柄、作者
	交通手段	事業用ではない自動車等	・名称、年式等
	その他	特許権、著作権	・名称、登録番号等
		電話加入権	・加入局と電話番号
		貸付金、未収配当金、未収家賃	

第3章 相続財産の評価

> **ポイント**
> 財産を分けたとしてもその評価をどうすればいいのか判断に迷うものです。ここでは、土地など評価が難しいものについての評価の方法を解説します。

1 財産の評価はどのように行うか

　相続税は被相続人が遺した財産額を基礎に税金を計算します。財産の中には預貯金などで残高が分かりやすいものばかりではなく、不動産の

相続財産	評価方法の概要
建物	自用…固定資産税評価額× 1.0 貸家、貸アパートなど…固定資産税評価額× 1.0 ×（1－借家権割合 30%）
建築中の建物	建築費用× 70%
借 家 権	ゼロ（原則として、課税財産を構成しない）
庭園設備	相続時の調達価額× 70%
構 築 物	（再建築価額－経過年数に応じた減価償却額）× 70%
門・塀等	再建築価額－経過年数に応じた減価償却額
預 貯 金	預入高＋（利子額－源泉徴収税額）
ゴルフ会員権	取引相場のある会員権…取引相場× 70%＋預託金等の額 取引相場のない会員権 ・預託金制会員権…預託金等の額 ・株式制会員権…株式の評価額
書画・骨董品	売買実例価額、精通者意見価格などを斟酌して評価
著 作 権	年平均印税収入額× 0.5 ×評価倍率
上場株式	銘柄ごとに次のうちのいずれか低い価額 ・相続開始日の終値 ・相続開始日の属する月の終値の月平均額 ・相続開始日の属する月の前月の終値の月平均額 ・相続開始日の属する月の前々月の終値の月平均額
非上場株式	株主構成、従業員数、売上高、資産規模に応じた次の評価 ・類似業種比準方式…同業種の株価から比較する方式 ・純資産価額方式…その会社の純資産額により評価する方式 ・配当還元方式…株主として受け取る配当額を還元して評価する方式
公 社 債	市場価額または発行価額＋（利子額－源泉徴収税額）
信託受益証券	貸付信託…元本＋（収益額－源泉徴収税額－買取割引料） 証券投資信託…日刊新聞等記載の基準価額を基礎として評価
上場不動産 投資信託証券	上場株式と同様に評価

120

ようにいくらなのか分かりにくい財産が混在しています。

そこで、相続税の計算に当たっては財産評価に一定のルールが定められています。土地以外の主な財産については概ね以下のように評価します。

2 土地の評価方法

土地は相続財産の中でも大きなウエイトを占める重要な財産でありながら、その価格が分かりにくいものです。相続税の計算にあたっては、概ね次のような過程を経て土地を評価していきます。

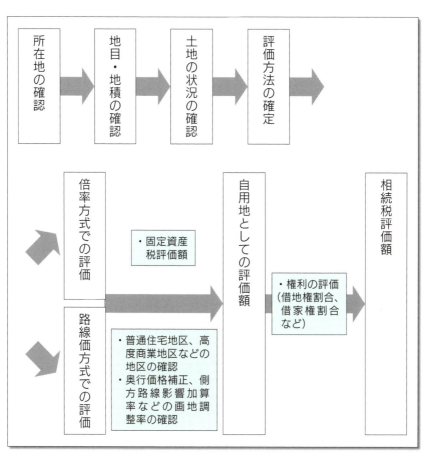

③ 倍率方式による土地評価

（1）倍率方式と路線価方式

　土地の評価は「**倍率方式**」または「**路線価方式**」により評価します。評価しようとする土地に対してどちらの方式を採用するかは、毎年、各国税局長が公表する「倍率表」や「路線価図」によって確認することができます。これは、自分で評価方法を選ぶことができるわけではなく、どちらによるか国の指定する方法を確認するのみとなっています。

町（丁目）又は大字名	適　用　地　域　名	借地権割合 %	宅地	田	畑	山林	原野	牧場	池沼
あ　愛　甲	市街化調整区域								
	1　農業振興地域内の農用地区域								
	（1）小田急線以東の地域			純 22	純 35				
	（2）小田急線以西の地域			純 20	純 27				
	2　上記以外の地域								
	（1）小田急線以東の地域	50	1.1	中 27	中 43	中 19	中 19		
	（2）小田急線以西の地域	50	1.2	中 25	中 36	中 19	中 19		
	市街化区域	—	路線	比準	比準	比準	比準		
愛甲1～4丁目	市街化調整区域	50	1.1	中 25	中 36	中 19	中 19		
	市街化区域	—	路線	比準	比準	比準	比準		
愛甲西1～3丁目	市街化調整区域								
	1　農業振興地域内の農用地区域			純 20	純 27				

平成30年分　　倍　率　表　　1頁
市区町村名：厚木市　　厚木税務署

（2）倍率方式とは

　倍率方式とは、固定資産税評価額にその地目に応じた評価倍率表記載の倍率を乗じて土地評価額とする方式です。

> 固定資産税評価額　　×　　倍率

　次の課税資産の内訳の、価格の欄に記載された数字を基礎として、相続税評価額を計算します。

第4部 相続税の申告・納税

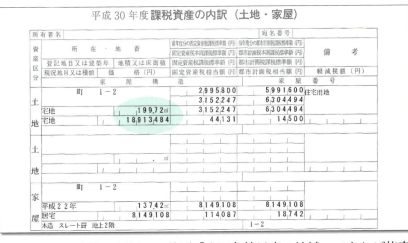

そこでこの宅地の評価は、前頁「小田急線以東の地域」であれば倍率は1.1倍ですので、

18,913,484円×1.1倍＝20,804,832円

となります。

4 路線価方式による土地評価①

(1) 路線価図方式とは

「路線価方式」とは、市街地的形態を形成する地域ごとに道路に付された価格（路線価）を基に、各土地の角地、形が悪いなどの個別性を調整して評価する方式です。路線価は国税庁から毎年7月1日に公表されます。右図の「295C」とあるのがそれで、ここの土地の路線価は1m^{2}当たり29

万5,000円ということを表しています。

（2）借地権の割合

　路線価の横に付してあるアルファベットは、下表のように借地権割合を示しています。「295C」の「C」がそれで、借地権割合が70％ということです。

A	B	C	D	E	F	G
90%	80%	70%	60%	50%	40%	30%

　なお、借地権割合の異なる2以上の路線に面する宅地については、正面路線価に付された借地権割合を使用して評価します。

5 路線価方式による土地評価②

　路線価方式における土地の評価は、「土地及び土地の上に存する権利の評価明細書」というシートの各項目に記載することにより行います。また、この明細のそれぞれの画地調整率には、次の「調整率」を使用します。なお、調整率表は全国共通です。また、必要に応じて改訂が行われますので、相続開始年分の調整率を使用ください。

奥行価格補正率表
二方路線影響加算率表
側方路線影響加算率表
不整形地補正率を算定する際の地積区分表
間口狭小補正率表
不整形地補正率表
奥行長大補正率表
がけ地補正率表
など

奥行価格補正率表

地図区分 / 奥行距離 m	ビル街	高度商業	繁華街	普通商業併用住宅	普通住宅	中小工場	大工場
4 未満	0.80	0.90	0.90	0.90	0.90	0.85	0.85
4 以上 6 未満		0.92	0.92	0.92	0.92	0.90	0.90
6 以上 8 未満	0.84	0.94	0.95	0.95	0.95	0.93	0.93
8 以上 10 未満	0.88	0.96	0.97	0.97	0.97	0.95	0.95
10 以上 12 未満	0.90	0.98	0.99	0.99	1.00	0.96	0.96
12 以上 14 未満	0.91	0.99	1.00	1.00		0.97	0.97
14 以上 16 未満	0.92	1.00				0.98	0.98
16 以上 20 未満	0.93					0.99	0.99
20 以上 24 未満	0.94					1.00	1.00
24 以上 28 未満	0.95				0.97		
28 以上 32 未満	0.96		0.98		0.95		
32 以上 36 未満	0.97		0.96	0.97	0.93		
36 以上 40 未満	0.98		0.94	0.95	0.92		
40 以上 44 未満	0.99		0.92	0.93	0.91		
44 以上 48 未満	1.00		0.90	0.91	0.90		
48 以上 52 未満		0.99	0.88	0.89	0.89		
52 以上 56 未満		0.98	0.87	0.88	0.88		
56 以上 60 未満		0.97	0.86	0.87	0.87		
60 以上 64 未満		0.96	0.85	0.86	0.86	0.99	
64 以上 68 未満		0.95	0.84	0.85	0.85	0.98	
68 以上 72 未満		0.94	0.83	0.84	0.84	0.97	
72 以上 76 未満		0.93	0.82	0.83	0.83	0.96	
76 以上 80 未満		0.92	0.81	0.82			
80 以上 84 未満		0.90	0.80	0.81	0.82	0.93	
84 以上 88 未満		0.88		0.80			
88 以上 92 未満		0.86			0.81	0.90	
92 以上 96 未満	0.99	0.84					
96 以上 100 未満	0.97	0.82					
100 以上	0.95	0.80			0.80		

側方路線影響加算率表

地区	加算率 角地の場合	加算率 準角地の場合
ビル街地区	0.07	0.03
高度商業地区・繁華街地区	0.10	0.05
普通商業・併用住宅地区	0.08	0.04
普通住宅地区・中小工場地区	0.03	0.02
大工場地区	0.02	0.01

二方路線影響加算率表

地区	加算率
ビル街地区	0.03
高度商業地区・繁華街地区	0.07
普通商業・併用住宅地区	0.05
普通住宅地区・中小工場地区・大工場地区	0.02

不整形地補正率を算定する際の地積区分表

地区＼地積区分	A	B	C
高度商業地区	1,000m² 未満	1,000m² 以上 1,500m² 未満	1,500m² 以上
繁華街地区	450m² 未満	450m² 以上 700m² 未満	700m² 以上
普通商業・併用住宅地区	650m² 未満	650m² 以上 1,000m² 未満	1,000m² 以上
普通住宅地区	500m² 未満	500m² 以上 750m² 未満	750m² 以上
中小工場地区	3,500m² 未満	3,500m² 以上 5,000m² 未満	5,000m² 以上

間口狭小補正率表

間口距離 m ＼地区	ビル街	高度商業	繁華街	普通商業併用住宅	普通住宅	中小工場	大工場
4 未満		0.85	0.90	0.90	0.90	0.80	0.80
4 以上 6 未満		0.94	1.00	0.97	0.94	0.85	0.85
6 以上 8 未満		0.97		1.00	0.97	0.90	0.90
8 以上 10 未満	0.95	1.00			1.00	0.95	0.95
10 以上 16 未満	0.97					1.00	0.97
16 以上 22 未満	0.98						0.98
22 以上 28 未満	0.99						0.99
28 以上	1.00						1.00

不整形地補正率表

かげ地割合 ＼地積区分	ビル街地区、高度商業地区、繁華街地区、普通商業・併用住宅地区、中小工場地区			普通住宅地区		
	A	B	C	A	B	C
10%以上	0.99	0.99	1.00	0.98	0.99	099
15%以上	0.98	0.99	0.99	0.96	0.98	0.99
20%以上	0.97	0.98	0.99	0.94	0.97	0.98
25%以上	0.96	0.98	0.99	0.92	0.95	0.97
30%以上	0.94	0.97	0.98	0.90	0.93	0.96
35%以上	0.92	0.95	0.98	0.88	0.91	0.94
40%以上	0.90	0.93	0.97	0.85	0.88	0.92
45%以上	0.87	0.91	0.95	0.82	0.85	0.90
50%以上	0.84	0.89	0.93	0.79	0.82	0.87
55%以上	0.80	0.87	0.90	0.75	0.78	0.83
60%以上	0.76	0.84	0.86	0.70	0.73	0.78
65%以上	0.70	0.75	0.80	0.60	0.65	0.70

奥行長大補正率表

奥行距離 間口距離 / 地区区分	ビル街	高度商業 繁華街・普通商業 併用住宅	普通住宅	中小工場	大工場
2 以上 3 未満	1.00	1.00	0.98	1.00	1.00
3 以上 4 未満		0.99	0.96	0.99	
4 以上 5 未満		0.98	0.94	0.98	
5 以上 6 未満		0.96	0.92	0.96	
6 以上 7 未満		0.94	0.90	0.94	
7 以上 8 未満		0.92		0.92	
8 以上		0.90		0.90	

がけ地補正率表

がけ地地積 / 総地積	南斜面	東斜面	西斜面	北斜面
0.10 以上 0.20 未満	0.96	0.95	0.94	0.93
0.20 以上 0.30 未満	0.92	0.91	0.90	0.88
0.30 以上 0.40 未満	0.88	0.87	0.86	0.83
0.40 以上 0.50 未満	0.85	0.84	0.82	0.78
0.50 以上 0.60 未満	0.82	0.81	0.78	0.73
0.60 以上 0.70 未満	0.79	0.77	0.74	0.68
0.70 以上 0.80 未満	0.76	0.74	0.70	0.63
0.80 以上 0.90 未満	0.73	0.70	0.66	0.58
0.90 以上	0.70	0.65	0.60	0.53

　これらの調整率を土地の形状等必要に応じて路線価に乗じることで評価していきます。

路線価　×　調整率

6 路線価方式による土地評価③（中間画地）

●奥行価格補正率の適用

下図のような土地についての評価は次のとおりになります。

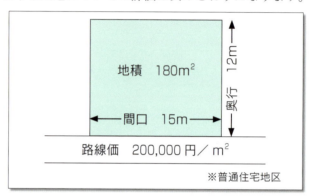

→対象土地の属する地区区分とその奥行き距離から適用

→普通住宅地区・12m以上14m未満

奥行価格補正率 ⇒ 1.00

奥行価格補正率表

地区区分 奥行距離 m	ビル街	高度商業	繁華街	普通商業併用住宅	普通住宅	工場 中小	工場 大
4未満	0.80	0.90	0.90	0.90	0.90	0.85	0.85
4以上6未満		0.92	0.92	0.92	0.92	0.90	0.90
6以上8未満	0.84	0.94	0.95	0.95	0.95	0.93	0.93
8以上10未満	0.88	0.96	0.97	0.97	0.97	0.95	0.95
10以上12未満	0.90	0.98	0.99	0.99	1.00	0.96	0.96
12以上14未満	0.91	0.99	1.00	1.00		0.97	0.97
14以上16未満	0.92	1.00				0.98	0.98
16以上20未満	0.93					0.99	0.99
20以上24未満	0.94					1.00	1.00

$1m^2$当たりの価額：20万円×1.00＝20万円

この土地の評価→20万円×180m^2＝3,600万円

第4部　相続税の申告・納税

土地及び土地の上に存する権利の評価明細書（第1表）		局(所)	署		
		30 年分		ページ	

（住居表示）	（　　　　　　　）	住　所 (所在地)		使用者	住　所 (所在地)	
所 在 地 番		所有者 氏　名 (法人名)			氏　名 (法人名)	

地　　目	地　積	路　　線　　価				地形図及び参考事項
宅地 原野 雑種地 田 畑 山 林 〔　　〕	㎡ 180	正面 200,000 円	側方 円	側方 円	裏面 円	

間口距離	m 15	利用区分	自　用　地　貸家建付借地権 貸　宅　地　転貸借地権 貸家建付地　転　借　権 借　地　権　借家人の有する権利 私　　道	地区区分	ビル街地区　　普通住宅地区 高度商業地区　中小工場地区 繁華街地区　　大工場地区 普通商業・併用住宅地区	
奥行距離	m 12					

	1 一路線に面する宅地 （正面路線価）　　　　（奥行価格補正率） 200,000円　×　　　1.00	(1㎡当たりの価額) 円 200,000	A
自	2 二路線に面する宅地 （A） ［側方 裏面］路線価　（奥行価格補正率）［側方 二方］路線影響加算率 円　＋　（　　　円　×　．　×　）	(1㎡当たりの価額) 円	B
用	3 三路線に面する宅地 （B） ［側方 裏面］路線価　（奥行価格補正率）［側方 二方］路線影響加算率 円　＋　（　　　円　×　．　×　）	(1㎡当たりの価額) 円	C
地	4 四路線に面する宅地 （C） ［側方 裏面］路線価　（奥行価格補正率）［側方 二方］路線影響加算率 円　＋　（　　　円　×　．　×　）	(1㎡当たりの価額) 円	D
1	5-1 間口が狭小な宅地等 （AからDまでのうち該当するもの）（間口狭小 補正率）（奥行長大 補正率） 円　×　（　．　×　．　）	(1㎡当たりの価額) 円	E
平	5-2 不　整　形　地 （AからDまでのうち該当するもの）　不整形地補正率※ 円　×　　0.	(1㎡当たりの価額) 円	F
方	※不整形地補正率の計算 （想定整形地の間口距離）　（想定整形地の奥行距離）　（想定整形地の地積） m　×　　m　＝　　㎡ （想定整形地の地積）　（不整形地の地積）　（想定整形地の地積）　（かげ地割合） （　㎡　－　　㎡）　÷　　㎡　＝　　％ （不整形地補正率表の補正率）（間口狭小補正率）（小数点以下2 位未満切捨て） ×　　　．　＝ ① （奥行長大補正率）（間口狭小補正率） ×　　　．　＝ ② 不整形地補正率 （①、②のいずれか低い 率、0.6を限度とする。）		
メ	6 地積規模の大きな宅地 （AからFまでのうち該当するもの）　規模格差補正率※ 円　×　　0.	(1㎡当たりの価額) 円	G
｜	※規模格差補正率の計算 （地積（Ⓐ））　　（Ⓑ）　　（Ⓒ）　　（地積（Ⓐ））（小数点以下2 位未満切捨て） （（　　㎡×　　＋　　）÷　　㎡）×　0.8　＝　0.		
ト	7 無　　道　　路　　地 （F又はGのうち該当するもの）　　　　　　　　　（※） 円　×　（　1　－　0.　）	(1㎡当たりの価額) 円	H
ル	※割合の計算（0.4を限度とする。） （正面路線価）　　（通路部分の地積）（F又はGのうち 該当するもの）（評価対象地の地積） （　　円×　　㎡）÷（　　円×　　㎡）＝ 0.		
当	8 がけ地等を有する宅地 （AからHまでのうち該当するもの）〔 南 、 東 、 西 、 北 〕 （がけ地補正率） 円　×　0.	(1㎡当たりの価額) 円	I
た	9 容積率の異なる2以上の地域にわたる宅地 （AからIまでのうち該当するもの）（控除割合（小数点以下3位未満四捨五入）） 円　×　（　1　－　0.　）	(1㎡当たりの価額) 円	J
り	10 私　　　　道 （AからJまでのうち該当するもの） 円　×　0.3	(1㎡当たりの価額) 円	K
の 価 額			

自用地評価額	自用地1平方メートル当たりの価額 （AからKまでのうちの該当記号） （ A ）　　　　　200,000 円	地　　積 ㎡ 180	総　　　　額 （自用地1㎡当たりの価額）×（地　積） 36,000,000 円	L

（注）1　5-1の「間口が狭小な宅地等」と5-2の「不整形地」は重複して適用できません。
　　　2　5-2の「不整形地」の「AからDまでのうち該当するもの」欄の価額について、AからDまでの欄で計算できない場合には、（第2表）の 「備考」欄等で計算してください。

(資4-25-1-A4統一)

7 路線価方式による土地評価④（角地）

下図のような土地についての評価は次のとおりになります。

（1）正面路線価の判定

「それぞれの路線価×それぞれの奥行価格補正率」の高いほうを正面路線価とします。

　㋑ 20万円×0.97（奥行9m）＝ 19万4,000円
　㋺ 19万5,000円×1.00（奥行15m）＝ 19万5,000円
　よって㋺の19万5,000円が正面路線価として評価されます。

（2）側方路線影響の適用

　この場合、角地か準角地かによって異なります。
角地………2つの道路が交差し、または屈折したところの接点に位置する画地
準角地……角地のうち、1系統の路線の屈折部の内側に位置する画地

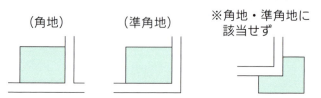

　このケースでは角地に概当しますので、次のように計算します。

第4部　相続税の申告・納税

土地及び土地の上に存する権利の評価明細書（第1表）

局(所)　署
30 年分　　ページ
（平成三十年分以降用）

(住居表示)	(　　　　　)	住　所 (所在地)		住　所 (所在地)	
所在地番		所有者 氏　名 (法人名)	使用者	氏　名 (法人名)	

地　目	地　積	路　　　線　　　価					地形図及び参考事項
宅地 原野 田 雑種地 畑 山林 [　]	135 ㎡	正　面 195,000 円	側　方 200,000 円	側　方 円	裏　面 円		

間口距離 9 m	利用区分	自　用　地 貸家建付借地権	ビル街地区	普通住宅地区	
		貸　宅　地 転貸借地権	高度商業地区	中小工場地区	
奥行距離 15 m		貸家建付地 転 借 地 権 借 地 権 借家人の有する権利	繁華街地区 大工場地区		
		私　道	普通商業・併用住宅地区		

				(1㎡当たりの価額) 円	
自用地1平方メートル当たりの価額	1　一路線に面する宅地 (正面路線価) (奥行価格補正率) 195,000 円 × 1.00			195,000	A
	2　二路線に面する宅地 (A) [側方 裏面] 路線価 (奥行価格 補正率) [側方 二方] 路線影響加算率 195,000 円 + (200,000 円 ×0.97 × 0.03)			200,820	B
	3　三路線に面する宅地 (B) [側方 裏面] 路線価 (奥行価格 補正率) [側方 二方] 路線影響加算率 円 + (円 × . × 0.)			円	C
	4　四路線に面する宅地 (C) [側方 裏面] 路線価 (奥行価格 補正率) [側方 二方] 路線影響加算率 円 + (円 × . × 0.)			円	D
	5-1　間口が狭小な宅地等 (AからDまでのうち該当するもの) (間口狭小 補正率) (奥行長大 補正率) 円 × (. × .)			円	E
	5-2　不整形地 (AからDまでのうち該当するもの) 不整形地補正率※ 円 × . ※不整形地補正率の計算 (想定整形地の間口距離) (想定整形地の奥行距離) (想定整形地の地積) m × m = ㎡ (想定整形地の地積) (不整形地の地積) (想定整形地の地積) (かげ地割合) (㎡ − ㎡) ÷ ㎡ = % (不整形地補正率表の補正率) (間口狭小補正率) (小数点以下2 位未満切捨て) [不整形地補正率 (①、②のいずれか低い 率、0.6を限度とする。)] 0. × . = 0. ① (奥行長大補正率) (間口狭小補正率) . × . = 0. ②			円	F
	6　地積規模の大きな宅地 (AからFまでのうち該当するもの) 規模格差補正率※ 円 × . ※規模格差補正率の計算 (地積(Ⓐ)) (Ⓑ) (Ⓒ) (地積(Ⓐ)) (小数点以下2 位未満切捨て) (㎡× +) ÷ ㎡ × 0.8 =			円	G
	7　無　道　路　地 (F又はGのうち該当するもの) (※) 円 × (1 − 0.) ※割合の計算 (0.4を限度とする。) (正面路線価) (通路部分の地積) (F又はGのうち 該当するもの) (評価対象地の地積) (円 × ㎡) ÷ (円 × ㎡) = 0.			円	H
	8　がけ地等を有する宅地 (AからHまでのうち該当するもの) [南 、 東 、 西 、 北] (がけ地補正率) 円 × .			円	I
	9　容積率の異なる2以上の地域にわたる宅地 (AからIまでのうち該当するもの) (控除割合 小数点以下3位未満四捨五入) 円 × (1 − 0.)			円	J
	10　私　　　道 (AからJまでのうち該当するもの) 円 × 0.3			円	K

自用地の 評 価 額	自用地1平方メートル当たりの価額 (AからKまでのうちの該当記号) (B) 200,820 円	地　積 135 ㎡	総　　　　　額 (自用地1㎡当たりの価額)×(地　積) 27,110,700 円	L

(注)　1　5−1の「間口が狭小な宅地等」と5−2の「不整形地」は重複して適用できません。
　　　2　5−2の「不整形地」の「AからDまでのうち該当するもの」欄の価額について、AからDまでの欄で計算できない場合には、（第2表）の「備考」欄等で計算してください。

(資4−25−1−A4統一)

地区	加算率	
	角地の場合	準角地の場合
ビル街地区	0.07	0.03
高度商業地区・繁華街地区	0.10	0.05
普通商業・併用住宅地区	0.08	0.04
普通住宅地区・中小工場地区	0.03	0.02
大工場地区	0.02	0.01

→ 対象土地の属する地区区分と角地または準角地から適用

→ 普通住宅地区・角地の場合

⟹ 0.03

　もう一方の路線価（⑦）に側方路線影響加算率をかけて正面路線価に加算します。

$1m^2$ 当たりの価額：19万5,000円×1.00＋20万円×0.97×0.03
　　　　　　　　＝ 20万820円

→ 20万820円×135m^2 ＝ 27,110,700円

8 路線価方式による土地評価⑤（不整形地）

　下図のような不整形地の土地についての評価は次のとおりになります。

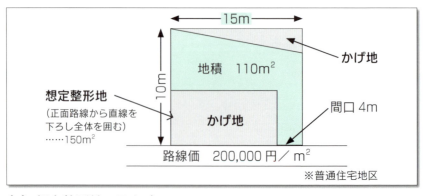

(1) 想定整形地の取り方

　想定整形地とは、対象土地全体を囲む正面路線に面する長方形または正方形の形状になるようなものをいい、具体的には正面路線に対する垂

第 4 部　相続税の申告・納税

線で全体を囲むように描きます。

$\Longrightarrow$ 間口 15m × 奥行 10m ＝想定整形地の地積 150m²

（2）奥行距離の判定

① 想定整形地の奥行距離………10m

② 地籍 ÷ 間口距離………………地積 110m² ÷ 間口 4m ＝ 27.5m

$\Longrightarrow$ 小さいほうの 10m を奥行距離として計算

（3）不整形地補正率の適用

① 地積区分表の適用

→対象土地の属する地区区分とその地積から A・B・C を選択

普通住宅地区・500m² 未満

$\Longrightarrow$ A

地積区分 地区区分	A	B	C
高度商業地区	1,000m² 未満	1,000m² 以上 1,500m² 未満	1,500m² 以上
繁華街地区	450m² 未満	450m² 以上 700m² 未満	700m² 以上
普通商業・併用住宅地区	650m² 未満	650m² 以上 1,000m² 未満	1,000m² 以上
普通住宅地区	500m² 未満	500m² 以上 750m² 未満	750m² 以上
中小工場地区	3,500m² 未満	3,500m² 以上 5,000m² 未満	5,000m² 以上

② かげ地割合の計算

$$かげ地割合 = \frac{\overset{\text{想定整形地の地積}}{150m^2} - \overset{\text{対象土地の地積}}{110m^2}}{\underset{\text{想定整形地の地積}}{150m^2}} \fallingdotseq 26.66\%$$

③ 不整形地補正率表の適用

→地区区分および上記①の A・B・C とかげ地割合から適用

→普通住宅地区・A・25% 以上

$\Longrightarrow$ 0.92

地区区分＼かげ地割合＼地積区分	ビル街地区、高度商業地区、繁華街地区、普通商業・併用住宅地区、中小工場地区			普通住宅地区		
	A	B	C	A	B	C
10%以上	0.99	0.99	1.00	0.98	0.99	099
15%以上	0.98	0.99	0.99	0.96	0.98	0.99
20%以上	0.97	0.98	0.99	0.94	0.97	0.98
25%以上	0.96	0.98	0.99	0.92	0.95	0.97
30%以上	0.94	0.97	0.98	0.90	0.93	0.96
35%以上	0.92	0.95	0.98	0.88	0.91	0.94

④ 間口狭小補正率、奥行長大補正率の適用

	ビル街	高度商業	繁華街	普通商業併用住宅	普通住宅
4未満		0.85	0.90	0.90	0.90
4以上6未満		0.94	1.00	0.97	0.94
6以上8未満		0.97		1.00	0.97
8以上10未満	0.95	1.00			1.00

$$\frac{奥行距離}{間口距離} = \frac{10m}{4m} = 2.5$$

地区区分＼奥行距離間口距離	ビル街	高度商業繁華街・普通商業併用住宅	普通住宅	中小工場	大工場
2以上3未満	1.00	1.00	0.98	1.00	1.00
3以上4未満		0.99	0.96	0.99	
4以上5未満		0.98	0.94	0.98	

不整形地補正率　　間口狭小補正率
$$0.92 \times 0.94 = 0.86$$

奥行長大補正率　　間口狭小補正率
$$0.98 \times 0.94 = 0.92$$

いずれか小さいほう
(0.6を限度)
→0.86

$$→ 20万円 \times 0.86 \times 110m^2 = 1,892万円$$

第4部　相続税の申告・納税

土地及び土地の上に存する権利の評価明細書（第1表）

		局(所)	署
	30 年分		ページ

（平成三十年分以降用）

（住居表示）	（ ）	住 所（所在地）		住 所（所在地）	
所 在 地 番		所有者 氏 名（法人名）		使用者 氏 名（法人名）	

地 目	地 積	路 線 価				地
(宅地) 原野 田 雑種地 畑 山 林 [ ]	m² 110	正 面 200,000 円	側 方 円	側 方 円	裏 面 円	形 図 及 び 参 考 事 項

間口距離	4 m	利用区分	自 用 地　貸家建付借地権　　ビル街区　普通住宅地区 高度商業地区　中小工場地区 繁華街地区　大工場地区 普通商業・併用住宅地区
			貸 宅 地　転 貸 借 地 権 貸家建付地　転 借 権 借 地 権　借家人の有する権利 私　道 （ ）
奥行距離	10 m		

自 用 地 1 平 方 メ ー ト ル 当 た り の 価 額	1 一路線に面する宅地 （正面路線価）　　　　　（奥行価格補正率） 200,000円 × 1.00			（1㎡当たりの価額）円 200,000	A
	2 二路線に面する宅地 （A） 〔側方〕路線価　（奥行価格補正率）〔側方〕路線影響加算率 〔裏面〕　　　　　　　　　　　　〔二方〕 円 ＋ （ 円 × 0. ）			（1㎡当たりの価額）円	B
	3 三路線に面する宅地 （B） 〔側方〕路線価　（奥行価格補正率）〔側方〕路線影響加算率 〔裏面〕　　　　　　　　　　　　〔二方〕 円 ＋ （ 円 × 0. ）			（1㎡当たりの価額）円	C
	4 四路線に面する宅地 （C） 〔側方〕路線価　（奥行価格補正率）〔側方〕路線影響加算率 〔裏面〕　　　　　　　　　　　　〔二方〕 円 ＋ （ 円 × 0. ）			（1㎡当たりの価額）円	D
	5-1 間口が狭小な宅地等 （間口狭小）（奥行長大） （AからDまでのうち該当するもの） 補正率　　補正率 円 × （ . × . ）			（1㎡当たりの価額）円	E
	5-2 不 整 形 地 （AからDまでのうち該当するもの）　　不整形地補正率※ 200,000 円 × 0.86 ※不整形地補正率の計算 （想定整形地の間口距離）（想定整形地の奥行距離）（想定整形地の地積） 15 m × 10 m ＝ 150 ㎡ （想定整形地の地積）（不整形地の地積）（想定整形地の地積）（かげ地割合） （ 150 ㎡ － 110 ㎡）÷ 150 ㎡ ＝ 26.66 ％ （不整形地補正率表の補正率）（間口狭小補正率）（小数点以下2）（不整形地補正率） 位未満切捨て ①、②のいずれか低い 0.92 × 0.94 ＝ 0.86 ①　率、0.6を限度とする。 （奥行長大補正率）（間口狭小補正率） 0.98 × 0.94 ＝ 0.92 ② 0.86			（1㎡当たりの価額）円 172,000	F
	6 地積規模の大きな宅地 （AからFまでのうち該当するもの）　　規模格差補正率※ 円 × 0. ※規模格差補正率の計算 （地積（Ⓐ））　（Ⓑ）　　（Ⓒ）　（地積（Ⓐ））（小数点以下2） 位未満切捨て （ ㎡ × ＋ ）÷ ㎡ × 0.8 ＝ 0.			（1㎡当たりの価額）円	G
	7 無 道 路 地 （F又はGのうち該当するもの）　　　　（※） 円 × （ 1 － 0. ） ※割合の計算（0.4を限度とする。） （正面路線価）（通路部分の地積）（F又はGのうち）（評価対象地の地積） 該当するもの 円× ㎡ ÷（ 円× ㎡）＝ 0.			（1㎡当たりの価額）円	H
	8 がけ地等を有する宅地 〔 南 、 東 、 西 、 北 〕 （AからHまでのうち該当するもの）　（がけ地補正率） 円 × 0.			（1㎡当たりの価額）円	I
	9 容積率の異なる2以上の地域にわたる宅地 （AからIまでのうち該当するもの）　　（控除割合（小数点以下3位未満四捨五入）） 円 × （ 1 － 0. ）			（1㎡当たりの価額）円	J
	10 私 道 （AからJまでのうち該当するもの） 円 × 0.3			（1㎡当たりの価額）円	K

	自用地1平方メートル当たりの価額 （AからKまでのうちの該当記号）	地 積	総　　　　　額 （自用地1㎡当たりの価額）×（地 積）	
自用地の 評価額	（ F ） 172,000 円	110 ㎡	18,920,000 円	L

（注）1　5-1の「間口が狭小な宅地等」と5-2の「不整形地」は重複して適用できません。
　　　2　5-2の「不整形地」の「AからDまでのうち該当するもの」欄の価額について、AからDまでの欄で計算できない場合には、（第2表）の「備考」欄等で計算してください。

（資4−25−1−A4統一）

135

第4章 土地の計算方法

ポイント　更地で自用地などの評価であればそれほど面倒ではありませんが、貸していたりすると評価はさらに複雑となります。ここではそうした土地の評価について解説します。

1 貸している宅地などの評価

「土地を貸している」または「借りている」「アパートを建てて賃貸している」場合などは、相続してもその後所有者にとっては使い勝手が悪いといえます。例えば1億円の土地だとしても、上記のような土地であれば6,000万円程度の価値しかないかもしれません。

そこでこれらの土地については、自用地としての価額（分かりやすくいえば更地とした場合の価額）に借地権割合（貸している土地）や借家権割合（貸している家屋）を考慮して評価します。借地権割合は倍率表または路線価図により確認し、借家権割合は全国一律30%です。

(1) 土地を借りている場合（借地権）

建物を建てるために土地を借りている場合の借地権の評価は、自用地としての価額にその宅地のある地域について定められた「借地権割合」を乗じて評価します。

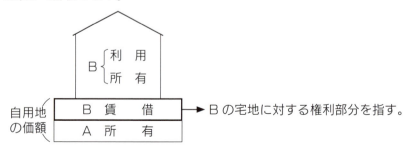

自用地としての価額×借地権割合

自用地としての価額が5,000万円、借地権割合80%とすると、
土地評価額→5,000万円×80%＝4,000万円

（2）土地を貸している場合（貸宅地）

土地を貸している場合の貸宅地の評価は、その宅地の自用地としての価額から借地権の価額を控除して求めます。

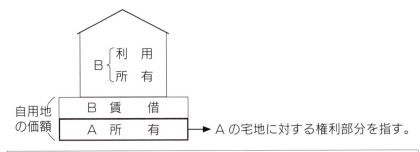

自用地としての価額－借地権価額＝自用地としての価額（1－借地権割合）

土地評価額→5,000万円×（1－80%）＝1,000万円

（3）アパートやマンションの敷地（貸家建付地）

アパートやマンション、貸ビル等を建てて、その建物を賃貸している場合の貸家建付地の評価は、自用地価額にその宅地のある地域について定められた「借地権割合」「借家権割合30%」および「賃貸割合」を考慮して評価します。

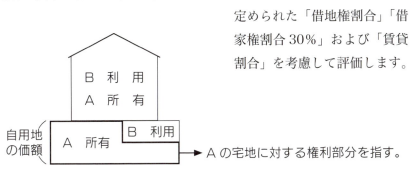

> 自用地としての価額×（1 −借地権割合×借家権割合×賃貸割合）

　賃貸割合とは、その貸家に係る各独立部分がある場合に、その各独立部分の賃貸の状況に基づいて、次の算式により計算した割合をいいます。

$$賃貸割合 = \frac{分母のうち賃貸中の床面積の合計}{その家屋の各独立部分の床面積の合計}$$

　例えば、1室60m^{2}のアパートで10室あり、相続開始時点では8室賃貸中、2室空いている場合には、賃貸割合は80％となります（自用地価額5,000万円）。

$$賃貸割合 = \frac{60m^2 \times 8室（賃貸中）}{60m^2 \times 10室（全部屋分）} \times 100 = 80\%$$

　土地評価額→5,000万円×（1 − 80％×30％×80％）= 4,040万円

（4）貸している家屋（貸家）

　アパートやマンション、貸ビル等を建てて、その家屋を賃貸している場合の貸家の評価は、「借家権割合30％」および「賃貸割合」を考慮して評価します（自用家屋価額5,000万円）。

> 自用家屋価額×（1 −借家権割合×賃貸割合）

　家屋評価額→5,000万円×（1 − 30％×80％）= 3,800万円

2 小規模宅地等の特例

　被相続人が自宅として住んでいた宅地、または事業の用に供していた宅地などは、相続税が高額になるとそのまま住み続けたり事業を継続することが困難になる可能性があります。そこで一定の要件を満たす宅地については、一定割合を減額し相続税額を計算することができます。

これを「小規模宅地等についての課税価格の計算の特例」(小規模宅地等の特例)といい、減税効果の大きい特例となっています。

(1) 分割要件および申告要件

この特例は、原則として、相続税の申告期限までに、譲り受ける親族が決まらなければ、特例の適用がありません。つまり相続する人を申告期限までに決める必要があります。また、特例の適用を受けるためには、相続税の申告書の「小規模宅地等に係る計算の明細書」に必要事項を記載するほか、各特例の適用要件を証するため、「遺産分割協議書の写し」「住民票」「戸籍謄本」など一定の書類を添付する必要があります。

(2) 減額される宅地と限度面積・減額割合

小規模宅地等の特例は、次の居住用、事業用、貸付事業用(アパート

やマンション、貸ビルなど）の区分に応じて限度面積と減額割合が定められています。

用途区分		限度面積	減額割合
居住用	特定居住用宅地等	330m²	80%
事業用	特定事業用宅地等	400m²	
	特定同族会社事業用宅地等		
	貸付事業用宅地等	200m²	50%

（3）具体的な計算例

① 地積が限度面積以下の場合（例 200m² の場合）

㋑ 減額される額

　宅地評価額　　減額割合　　減額される額
　5,000万円 × 　80% 　＝ 4,000万円

　宅地評価額　減額される額　　課税価格
　5,000万円 － 4,000万円 ＝ 1,000万円

② 宅地が限度面積超の場合（例 500m² の場合）

㋑ 減額される額

　宅地評価額　　限度面積 減額割合　　減額される額
　5,000万円 × $\dfrac{330m^2}{500m^2}$ × 80% ＝ 2,640万円

㋺ 課税価格に算入される額

　宅地評価額　減額される額　　課税価格
　5,000万円 － 2,640万円 ＝ 2,360万円

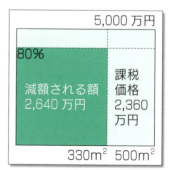

（4）2以上の宅地等に適用する場合の限度面積計算

① 特定事業用宅地等と特定居住用宅地等の併用

特例の対象として選択する宅地等のすべてが特定事業用等宅地等および特定居住用宅地等である場合には、それぞれの適用対象限度面積の合計（400m² + 330m² = 730m²）まで 80％減額となります。

② 貸付事業用宅地等を同時に選択する場合

適用対象面積の計算については、面積換算による調整を行います。

⇒ 事業用・居住用を 200m² 換算し、合計で 200m² まで特例計算を適用

$$\left[A \times \frac{200}{400} \right] + \left[B \times \frac{200}{330} \right] + C \leq 200m²$$

A：特定事業用宅地等＋特定同族会社事業用宅地等
B：特定居住用宅地等
C：貸付事業用宅地等

3 小規模宅地等の特例の適用要件（特定居住用宅地等）

被相続人やその家族が住んでいた宅地等を相続すると、「特定居住用宅地等の小規模宅地等の特例」の適用があり、これによって計算します。

次の要件を満たす宅地は、特定居住用宅地として小規模宅地等の特例（330m² まで 80％減額）を受けることができます。

（1）配偶者が承継する場合

婚姻関係にある配偶者が取得すること

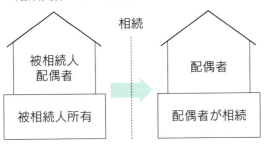

(2) 同居親族が承継する場合（①～③の要件をすべて満たす場合）

①被相続人と同居していた親族がその宅地を承継し、②相続税の申告期限まで引き続きその家屋に居住（居住継続要件）し、③申告期限までその宅地等を保有している（保有継続要件）こと

(3) 家なき子が承継する場合

同居人がいない（一人暮らし）被相続人の自宅を自宅を所有していない親族（家なき子）が相続した場合にも、特例が適用になります。ただし、次の①～⑤の要件をすべて満たす親族である必要があります。

① 被相続人に同居親族がいない
② 親族がその宅地等を承継
③ 相続開始前3年以内に日本国内にある自己または3親等内の親族または特殊関係法人の持ち家に居住したことがない
④ 相続開始時に居住していた家屋を過去に所有していたこともない
⑤ 申告期限までその宅地等を保有している（保有継続要件）

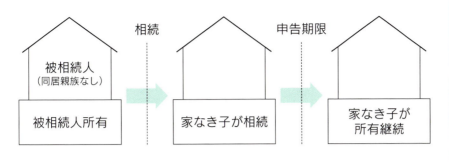

(4) 生計を一にする親族が承継する場合

生計を一にする親族が承継する場合には、次の①〜③の要件をすべて満たす必要があります。

① 被相続人と生計を一にする親族の居住の用に供されていた宅地等をその生計を一にしていた親族が承継
② 相続税の申告期限まで引き続きその家屋に居住（居住継続要件）
③ 申告期限までその宅地等を保有している（保有継続要件）

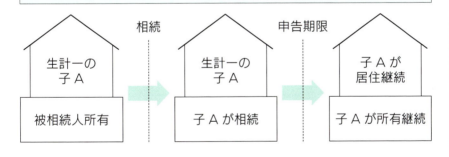

第5章 株式の評価方法

> **ポイント**
> 土地の評価同様、株式の評価も難しいものがあります。ここでは株式の評価をどのように行うのかについて解説します。

1 上場株式の評価

　株式市場において株式の売買ができる「上場株式」については、毎日価格は変化します。そこで、その銘柄については次の4つの価格のうち<u>最も低い価額</u>で評価します。

① 相続開始時の最終価格（終値）
② 相続開始の月の各日の最終価格の平均
③ 相続開始の前月の各日の最終価格の平均
④ 相続開始の前々月の各日の最終価格の平均

　この4つの価格は、日本証券新聞や証券会社の資料やインターネットなどでも確認することができます。相続開始日が土日祝日などであって株式の取引が行われていない場合には、相続開始日に最も近い日の終値を使用します。

　相続税評価にあたっては4つの指標のうち最も低い価額を使用できることから、現在価額との評価ギャップによる節税効果が生じることがあります。

　なお、「<u>その最低価額×保有株式数</u>」が評価額となります。これを「<u>上場株式の評価明細書</u>」に記入して提出します。

上場株式の評価明細書								
銘柄	取引所等の名称	課税時期の最終価格		最終価格の月平均額			評価額	増資による権利落等の修正計算その他の参考事項
		月日	①価額	課税時期の属する月 ② 月	課税時期の属する月の前月 ③ 月	課税時期の属する月の前々月 ④ 月	①の金額又は①から④までのうち最も低い金額	
			円	円	円	円	円	

2 非上場株式の評価

　上場株式などは毎日価格が公表されているので分かりやすいですが、非上場株式の株価はすぐには分かりません。非上場株式は取引相場のない株式ともいわれ、その会社の規模や業種、株主同士の親族関係や持株割合などを勘案して、一定のルールにより評価します。

(1) 評価方式の判定

　「**原則的評価方式**」と「**特例的評価方式**」に大別されます。どちらの評価方式を採用するかの判別には難解な確認を伴いますが、簡単いうと、同族会社で大半の株式を所有する親族であれば「原則的評価方式」、逆に少数株主であれば「特例的評価方式」になります。

　「原則的評価方式」には「**純資産価額方式**」と「**類似業種比準方式**」があり、会社の大小に応じて2方式にウエイト付けを行って評価します。一般的に「類似業種比準方式」のほうが価額は低くなる傾向があります。また、「特例的評価方式」には、「配当還元方式」があります。

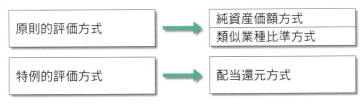

評価方法の判定

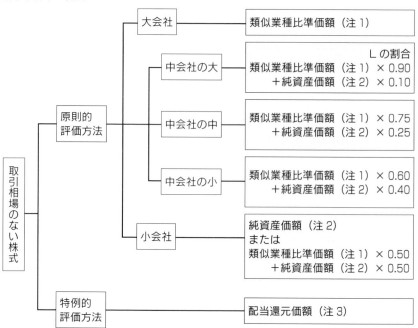

(注1) 純資産価額が類似業種比準価額より低い場合は、純資産価額とする
(注2) 同族株主等の持株割合が50％未満の場合は、「純資産価額×80％」とする
(注3) 原則的評価方法による価額が配当還元価額より低い場合は、原則的評価方法による価額とする
(注4) 類似業種比準価格の割合で会社規模により異なる

会社の規模は次表で判断します。

会社の規模		従業員数	総資産価額（帳簿価額）			年間の取引金額		
			卸売業	小売・サービス業	その他の事業	卸売業	小売・サービス業	その他の事業
大会社		70人以上	—	—	—	—	—	—
		35人超	20億円以上	15億円以上	15億円以上	30億円以上	20億円以上	15億円以上
中会社	大	35人超	20億円未満 4億円以上	15億円未満 5億円以上	15億円未満 5億円以上	30億円未満 7億円以上	20億円未満 5億円以上	15億円未満 4億円以上
	中	20人超	4億円未満 2億円以上	5億円未満 2.5億円以上	5億円未満 2.5億円以上	7億円未満 3.5億円以上	5億円未満 2.5億円以上	4億円未満 2億円以上
	小	5人超	2億円未満 7,000万円以上	2.5億円未満 4,000万円以上	2.5億円未満 5,000万円以上	3.5億円未満 2億円以上	2.5億円未満 6,000万円以上	2億円未満 8,000万円以上
小会社		5人以下	7,000万円未満	4,000万円未満	5,000万円未満	2億円未満	6,000万円未満	8,000万円未満

(2) 純資産価額方式

会社の財産債務の状態に着目し、財産から債務を差し引いた純資産を株式数で除して1株当たりの評価を算出する方式です。各財産債務については帳簿価額ではなく、相続税評価額に評価し直したうえで、株価を算出します。

$$\left[\left(\begin{array}{c} \text{総資産価額} \\ \text{相続税評価額に} \\ \text{よって計算した額} \end{array} \right) - \begin{array}{c} \text{負債の} \\ \text{合計額} \end{array} - \begin{array}{c} \text{評価差額に対する} \\ \text{法人税額等相当額} \\ \text{(注)} \end{array} \right] \div \begin{array}{c} \text{課税時期に} \\ \text{おける発行} \\ \text{済株式数} \end{array}$$

(注) $\begin{array}{c} \text{評価差額に対する} \\ \text{法人税額等相当額} \end{array} = \left(\begin{array}{c} \text{相続税評価額に} \\ \text{よる純資産価額} \end{array} - \begin{array}{c} \text{帳簿価額による} \\ \text{純資産価額} \end{array} \right) \times 37\%$

(3) 類似業種比準方式

類似する会社との比較によって1株当たりの評価を算出する方式です。①配当金額、②利益、③純資産価額の3項目を比較します。

$$A \times \left[\frac{\dfrac{\text{Ⓑ}}{B} \times \dfrac{\text{Ⓒ}}{C} + \dfrac{\text{Ⓓ}}{D}}{3} \right] \times \left\{ \begin{array}{l} 0.7 \ (\text{大会社}) \\ 0.6 \ (\text{中会社}) \\ 0.5 \ (\text{小会社}) \end{array} \right.$$

A ＝類似業種の株価

B ＝課税時期に属する年の類似業種の1株当たりの配当金額

C ＝課税時期に属する年の類似業種の1株当たりの利益金額

D ＝課税時期の属する年の類似業種の1株当たりの純資産価額（帳簿価額によって計算した金額）

Ⓑ＝評価会社の直前期末における1株当たりの配当金額

Ⓒ＝評価会社の直前期末以前1年間における1株当たりの利益金額

Ⓓ＝評価会社の直前期末における1株当たりの純資産価額（帳簿価額によって計算した金額）

(4) 配当還元方式

　少数株主の株価評価について、株主として受領する配当に着目し、その元本たる株価を評価します。

$$\frac{株式にかかる年配当金額}{10\%} \times \frac{1株当たりの資本金等の額}{50円}$$

※ 年配当金額が2円50銭未満の場合は2円50銭

※ 1株当たりの資本金等の額は直前期末の資本金等の額を発行済株式数で除した金額

第6章	みなし相続財産・ 債務控除・生前贈与加算

ポイント

　ここでは前章まで以外の相続税の課税対象額を計算するための項目を説明します。

1 みなし相続財産とは

(1) みなし相続財産とはどんな財産

　民法上は相続により取得した財産にはなりませんが、実質的には相続等により財産を取得したのと同様の経済的効果があると認められる場合には、相続等により取得したものとみなして、相続税が課税されます。このような財産を「みなし相続財産」といい、次のようなものがあります。

> ① 生命保険金
> ② 退職手当金、功労金
> ③ 生命保険契約に関する権利
> ④ 定期金に関する権利
> ⑤ 保証期間付定期金に関する権利
> ⑥ 契約に基づかない定期金に関する権利
> ⑦ その他の経済的利益の享受
> ⑧ 信託に関する権利

(2) 生命保険金

① 生命保険金に関する課税関係

　被相続人の死亡によって支払われた死亡生命保険等を受け取った場合には、「被保険者」「保険料負担者」「契約者」「受取人」との相互関係か

149

ら、課税関係が異なります。

生命保険金等と課税関係

被保険者	保険契約者	保険料負担者	保険金受取人	父に相続があった場合	母に相続があった場合
父	父	父	母	母に相続税	—
母	父	父	子	本来の財産として権利の取得者に相続税	父から子への贈与（贈与税）
父	父	母	母	母に所得税（一時所得）	父に生命保険契約に関する権利として相続税

※「父」「母」は例です。

② 生命保険金等の非課税金額

　相続人が取得した生命保険金等のうち次の計算式により計算した金額までは、非課税となります。ただし、相続放棄者や相続権喪失者はこの非課税の適用を受けることはできません。

　複数の相続人が生命保険金等を取得した場合には、非課税金額をそれぞれが取得した生命保険金等の金額に応じて按分して、それぞれの非課税金額を計算します。

> 生命保険金等の非課税金額 ＝ 500万円 × 法定相続人の数

※ 法定相続人の数は相続の放棄があった場合にはその放棄がなかったものとしての相続人の数

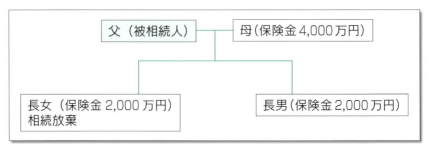

●生命保険金の非課税金額
500万円×3人＝1,500万円

第4部　相続税の申告・納税

●各相続人の非課税金額

母：$\dfrac{\text{非課税金額}}{1{,}500\,\text{万円}} \times \dfrac{\overset{\text{母の保険金}}{4{,}000\,\text{万円}}}{\underset{\text{母の保険金}}{4{,}000\,\text{万円}} + \underset{\text{長男の保険金}}{2{,}000\,\text{万円}}} = \dfrac{\text{母の非課税金額}}{1{,}000\,\text{万円}}$

長男：$\dfrac{\text{非課税金額}}{1{,}500\,\text{万円}} \times \dfrac{\overset{\text{長男の保険金}}{2{,}000\,\text{万円}}}{\underset{\text{母の保険金}}{4{,}000\,\text{万円}} + \underset{\text{長男の保険金}}{2{,}000\,\text{万円}}} = \dfrac{\text{長男の非課税金額}}{500\,\text{万円}}$

長女：相続放棄をしているため非課税金額の適用なし

2 債務および葬式費用

　相続人等が亡くなった人の債務を受け継いで負担したり、または葬式費用を負担するときは、その負担分だけ純財産額は減少することから、「債務」と「葬式費用」は相続税の計算にあたって控除できることとされています。

(1) 債務

　相続財産から控除できる債務は、相続開始の際にすでにあるもので、確実と認められるものに限ります。被相続人に係る債務、支出のうち債務控除の可否を例示すれば次のとおりです。

	例　示	可否	参　考　事　項
債務例と控除の可否	銀行借入金、土地購入未払金、資産購入ローン	○	
	貸家の敷金、保証金	○	契約満了等に伴い返還を要するものに限ります
	未納固定資産税、未納所得税、未納住民税など	○	
	準確定申告による所得税、消費税	○	還付のときは相続財産となります
	未納延滞税等	○	被相続人の責に帰すべき延滞税等に限ります

151

	例示	可否	参考事項
（つづき）	墓地購入未払金、仏壇購入未払金	×	非課税財産に係る債務のため
	遺言執行費用、税理士報酬、財産管理費用	×	相続開始後に発生した相続財産の維持費用のため
	未払いの遺言作成費用	○	生前に発生した債務のため
	保証債務・連帯債務	×	被相続人が現実に負担する部分については○
	団体信用生命保険負担の住宅ローン	×	保険をもって債務が完済され、相続人に負担なし
	損害賠償金	○	交通事故の損害賠償金など確実な債務に限ります
	相続開始時に係争中であった和解金	×	相続開始時には確実な債務とはいえないため

※表中○は債務控除できることを意味する。

(2) 葬式費用

葬式費用、支出のうち債務控除の可否を例示すれば次のとおりです。

	例 示	可否	参 考 事 項
葬式費用例と控除の可否	本葬式費用、仮葬式費用、お通夜の費用	○	
	お手伝いに対する心づけ	○	支払先・金額確定にメモなどを残します
	埋葬、火葬、納骨費用	○	
	寺院へのお布施、戒名料	○	被相続人の財産などに照らし相当なものに限ります
	会葬者へのお礼に要する費用、飲食代など	○	
	遺体運搬費用、遺体捜索費用、死亡広告費用	○	
	遺体解剖費用	×	
	香典返戻費用	×	香典収入が非課税のため
	初七日等法会に要する費用	×	
	葬式に参列した親族の交通費、喪服レンタル料	×	

※表中○は債務控除できることを意味する。

152

3 生前贈与加算

(1) 贈与と相続税の再計算

相続人等が故人から生前に贈与を受けていた場合には、先にもらっていた贈与財産を相続財産へ加算し、相続税として再計算することとされています。この相続税としての再計算には①暦年贈与に対するもの、②相続時精算課税に対するものがあります。

(2) 暦年贈与に対する生前贈与加算

もらっていた贈与財産もいったん戻して相続財産に加えられるといいましたが、**相続開始前3年以内**に贈与された財産が対象となります。つまり、それ以前にもらっていたものは相続財産に戻す必要はありません。

加算する場合は、贈与時の価額にて相続税の課税価格に加え、相続税を再計算します。贈与税の基礎控除額110万円以下の贈与財産も加算することになりますが、贈与税の配偶者控除に係る生前贈与、一定の住宅取得資金の贈与などは加算の対象とはなりません。

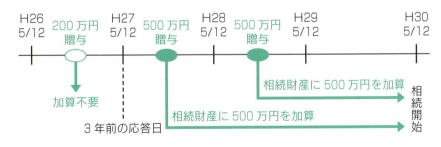

(3) 相続時精算課税

相続時精算課税とは、贈与の時点では贈与税をかけないまたは低額に留めておき、相続が発生したときに、生前に贈与した財産についても相続時に精算して課税を行うものです。

相続時の純財産額に相続時精算課税を適用して贈与を受けた財産を相続財産に加算して計算した結果、相続税の基礎控除額以下であれば相続税の申告は必要ありません。申告不要の場合であっても、納めた贈与税額がある場合には、あえて相続税の申告をすることにより還付を受けることができます。

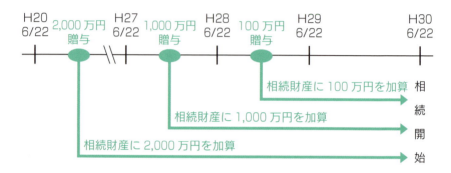

特別控除額

平成20年贈与　2,000万円＜2,500万円
　　　　　　　　　　　→贈与税なし（500万円の余裕あり）
平成27年贈与　{(1,000万円−(2,500万円−2,000万円))}×20%
　　　　　　＝100万円
平成28年贈与　(100万円−0万円)×20%＝20万円
　　100万円×20%＝20万円　※すでに特別控除超

第7章 相続税額の計算方法

> **ポイント**
> 相続税の計算方法は相続財産全体の価格を出し、法定相続人が法定相続分どおり相続したものとして相続税を算出します。具体的な計算例をもとに確認しましょう。

1 基礎控除額および法定相続人の数

(1) 基礎控除額

相続税の課税最低限を定めたものです。被相続人の純資産額から次の算式により計算した「基礎控除額」を控除し、控除後の金額に税率を乗じて相続税額を計算していきます。純資産額が基礎控除額以下である場合には相続税はかかりません。

```
基礎控除額 ＝ 3,000万円 ＋ 600万円 × 法定相続人の数
```

なお、この基礎控除額は平成27年に改正されており、以前は「5,000万円＋1,000万円×法定相続人の数」とされていました。

(2) 法定相続人の数

① 基本的な考え方

法定相続人の数とは、民法に規定する相続人の数となりますが、相続の放棄があった人については、その放棄がなかったものとして相続人の数に加えます。

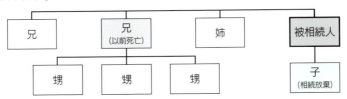

上記の場合は、子が相続放棄しているので、相続人は兄弟姉妹、さらには死亡している兄の子ども3人の合計5人と考えがちですが、相続「税」の計算においては相続放棄していても放棄がなかったこととみなして子のみが相続人になります。

民法の相続人……兄姉妹甥ら5人（基礎控除額3,000万円＋600万円×5人＝6,000万円）✕

相続税計算の法定相続人の数……子1人（基礎控除3,000万円＋600万円×1人＝3,600万円）◯

② 養子がある場合

養子縁組は市区町村役場へ「養子縁組届」という比較的簡易な手続きで行うことができます。この養子縁組を利用して相続人の数を大幅に増やすなどして基礎控除額を増額し相続税の縮小を防止するため、相続税法上、法定相続人の数に算入できる養子の数については、制限が設けられています。被相続人に実子がない場合は2人まで、実子がいる場合は1人までとされています。

実子あり	養子1人まで
実子なし	養子2人まで

なお、この場合、次に掲げる子は実子とみなされ、この養子制限の適用を受けません。

㋐ 民法上の特別養子縁組に基づく養子
㋑ 配偶者の実子で被相続人の養子となった者

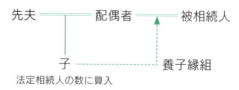

㋒ 被相続人との婚姻前に、被相続人の配偶者の特別養子縁組による養子となった者で、その者の養子となった者

㊀ 実子もしくは養子またはその直系卑属が相続開始以前に死亡し、または相続権を失ったため、相続人となったその者の直系卑属

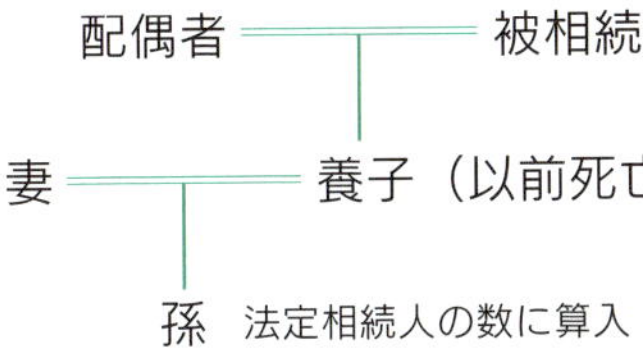

2 相続税の総額および各相続人の相続税額

(1) 相続税の総額の計算

純財産額から基礎控除額を控除した金額に対して、仮に法定相続人が法定相続分に応じて取得したものとして計算した額に対してそれぞれ相続税率を乗じて被相続人の財産に対する相続税の総額を計算します。

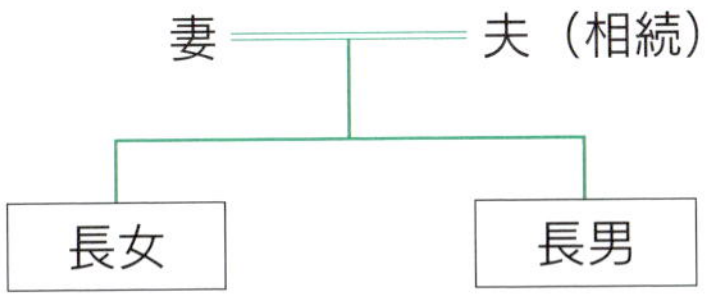

① 課税価格			基礎控除額		② 課税遺産総額
２億円			3,000 万円＋ 600 万円×法定相続人の数３人＝ 4,800 万円		１億 5,200 万円
法定相続人		③ 法定相続分	④ 法定相続分に応じた所得金額	⑤ 各人の相続税額（速算表の活用）	相続税額の計算
1	配偶者	1/2	7,600 万円	× 30% − 700 万円	＝ 1,580 万円
2	長男	1/4	3,800 万円	× 20% − 200 万円	＝ 560 万円
3	長女	1/4	3,800 万円	× 20% − 200 万円	＝ 560 万円
計	3 人	1	1 億 5,200 万円		⑥ 2,700 万円

※相続税の総額を算出するときは、相続放棄があってもその相続放棄してないものとして計算する

以上から相続税の総額は 2,700 万円となります。

① 相続税率

財産額が大きくなるほど税率も高くなる超過累進税率となっており、

最高は55％とされています。実務上は計算の簡便法として次の速算表を使用します。

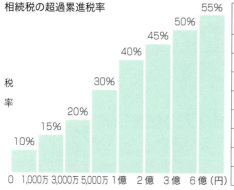

相続税の超過累進税率

法定相続分に応ずる取得金額	税率	控除額
1,000万円以下	10％	—
3,000万円以下	15％	50万円
5,000万円以下	20％	200万円
1億円以下	30％	700万円
2億円以下	40％	1,700万円
3億円以下	45％	2,700万円
6億円以下	50％	4,200万円
6億円超	55％	7,200万円

(2) 各相続人の相続税額

① あん分割合

各相続人の相続税額は、相続税の総額に被相続人の全財産総額に占めるそれぞれの相続人が取得した財産の割合（あん分割合＝算式中の分数）を乗じた金額となります。

$$\text{各相続人の相続税額} = \text{相続税の総額} \times \frac{\text{その相続人が取得した純財産額}}{\text{被相続人の純財産額の合計額}}$$

例・妻1億2,000万円、長男5,000万円、長女3,000万円をそれぞれ相続

$$\text{妻} : 2,700\text{万円} \times \frac{1億2,000\text{万円}}{2億円} = 1,620\text{万円}$$

$$\text{長男} : 2,700\text{万円} \times \frac{5,000\text{万円}}{2億円} = 675\text{万円}$$

$$\text{長女} : 2,700\text{万円} \times \frac{3,000\text{万円}}{2億円} = 405\text{万円}$$

●あん分割合の計算例

	合計	配偶者	長男	長女
課税価格	2億円（A）	1.2億円（①）	5,000万円（②）	3,000万円（③）
基礎控除額	4,800万円			
相続税の総額（B）	2,700万円			
あん分割合（C）	1.00	0.6（①/A）	0.25（②/A）	0.15（③/A）
各人の相続税額（B×C）	2,700万円	1,620万円	675万円	405万円

② 相続税額の2割加算

　遺産形成の貢献度、遺産取得の偶然性や子を飛ばして孫へ遺贈するなどの相続税課税機会回避を防止するため、孫養子など次の者の相続税額は、通常の相続税額の2割増となります。

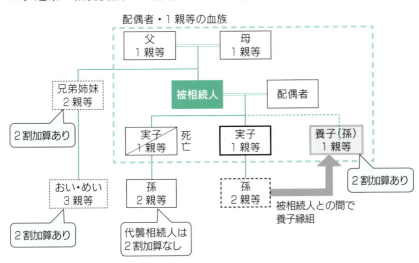

　上記計算例で、長女の代わりに孫を養子とした場合は次のようになります。

	合計	配偶者	長男	孫（養子）
相続税額の加算	81万円			（405万円×20%） 81万円
算出相続税額	2,781万円	1,620万円	675万円	486万円

| 第8章 | 相続税の税額控除 |

ポイント　基礎控除は相続財産から控除されるものですが、税額控除はその名称のとおり算出税額から直接差し引くことができるものです。税額控除は、それぞれの相続人の実情や過去の税負担などを考慮して、6種類規定されています。

1 贈与税額控除

　相続により財産を受けた者が、相続開始前3年以内に被相続人から贈与により財産を受けている場合、その財産はいったん相続財産に戻され（生前贈与加算）、その加えた財産をもとに相続税額を計算します。しかし、すでに贈与を受けていたものは贈与税を納付していると、贈与税と相続税との二重課税となってしまいます。

　これを排除するために、その贈与税額を相続税の計算にあたって控除します。

　例えば、3年以内に贈与税をすでに100万円支払っていて相続税が2,000万円であった場合は、「2,000万円（相続税）－100万円（贈与税）＝1,900万円（相続税）」を納付すればよいことになります。

2 配偶者の税額軽減

　配偶者に対する相続税については、同一世代間の財産移転であり、比較的早く次の相続（第2次相続：配偶者の死亡による相続）が起こりやすいものです。

　一方で、故人が形成した財産への寄与度も大きく、さらに配偶者の老後の生活保障などを考慮して、配偶者には大きな税額控除があります。これを「配偶者の税額軽減」といいます。

第4部　相続税の申告・納税

(1) 適用対象となる配偶者

　配偶者の税額軽減が受けられる配偶者は「婚姻の届出」をしている戸籍上の配偶者に限られます。婚姻の届出をしていない、いわゆる内縁関係の場合には適用がありません。

　夫から妻への相続、妻から夫への相続の双方に第1次相続において適用が可能です。

(2) 配偶者の税額軽減額の計算

　配偶者が実際に取得した純財産額が、「**1億6,000万円**」または「**配偶者の法定相続分相当額**」のいずれか多い金額までは配偶者に相続税はかかりません。控除額の計算は、次の算式によります。

$$
\text{配偶者の税額軽減額} = \text{相続税の総額} \times \frac{\text{A または B のうちいずれか少ない金額}}{\text{課税価格の合計額}}
$$

A：「1億6,000万円」または「配偶者の法定相続分相当額※」のいずれか多い金額

B：配偶者の課税価格

※「配偶者の法定相続分相当額」とは、相続の放棄があった場合には、その放棄がなかったものとした場合における相続分をいいます。

　例えば、相続財産が5億円、相続人は妻と子ども1人の合計2人とします（法定相続分どおり相続する）。

　　課税遺産総額＝5億円－（3,000万円＋法定相続人2人×600万円）
　　　　　　　　＝4億5,800万円

　　妻の相続税額＝4億5,800万円×$\frac{1}{2}$×45％－2,700万円
　　　　　　　　＝7,605万円
　　　　　　　　（子どもは1人なので同額の相続税額となる）

　したがって、本来納める相続税額は、7,605万円×2人＝1億5,210

万円となります。

　しかし、妻（配偶者）は「1億6,000万円」または「配偶者の法定相続分相当額」のいずれか多い金額までは相続税はかからないことになっていますので、妻の7,605万円は納付しなくてもかまいません。

　結局このケースでは子どものみが7,605万円納付することになります（相続金額は2億5,000万円）。

（3）分割要件および申告要件

① 分割要件

　配偶者の税額軽減は、原則として、相続税の申告期限までに、分割されていない財産、いわゆる未分割の財産には適用がありません。

② 申告要件

　配偶者の税額軽減を受けるためには、相続税の申告書に必要事項を記載するほか、各特例の適用要件を証するため、「遺産分割協議書の写し」「印鑑証明書」「戸籍謄本」など一定の書類を添付する必要があります。

（4）実務上の考慮点

　配偶者の税額軽減は大きな減税効果をもたらす規定であり、有効に活用したいものですが、第1次相続で配偶者が取得する財産は、第2相続において相続税の課税対象となることが考えられます。特に遺された配偶者の財産が大きい場合には、節税の観点からは第1次相続において配偶者はあまり財産を取得せず、子らが厚く財産を取得したほうが第1次、第2次トータルでの相続税額が少なくなる場合があります。

③ 未成年者控除

　相続した者が、未成年者である場合には、その未成年者の相続税額の

第 4 部　相続税の申告・納税

計算にあたって、次の式により計算した金額を控除します。

> 未成年者控除額＝（20 歳－相続開始時の相続人の年齢）×10 万円

※算式中（　）内の 20 歳に達するまでの年齢に 1 年未満の端数がある
ときは、切り上げて 1 年として計算します。

　相続税が 500 万円のとき 15 歳 6 ヵ月の子どもが相続した場合は、「(20
歳－16 歳(切り上げて 16 歳とする)＝ 4 歳)×10 万円＝ 40 万円」を 500
万円から控除することでき、500 万円－40 万円＝ 460 万円が相続税額
となります。

※ 民法の成人年齢 18 歳への引下げに応じて「20 歳」が「18 歳」に改
　正される予定です。

④ 障害者控除

　相続により財産を承継した者が、障害者である場合には、その者の相
続税額の計算にあたって、次の式により計算した金額を控除します。

> 一般障害者控除額＝（85 歳－相続開始時の相続人の年齢）×10 万円
> 特別障害者控除額＝（85 歳－相続開始時の相続人の年齢）×20 万円

⑤ 相次相続控除

　10 年以内に立て続けに相続が発生した場合、その都度相続税を払う
のはあまりにも重税感があります。例えば 7 年前に父親が死亡し、4 年
前に母親が死亡、1 年前には兄が死亡となり、その都度相続が発生し相
続税を納めていると、連続的により多くの相続税を納めることになりま
す。

　そこで救済処置として相次相続控除を設けています。第 2 次相続に

163

おいて、第1次相続で納付した相続税額について、第1次相続からの経過年数に応じ、1年につき10%ずつ減額するものです。

$$相次相続控除額 = A \times \frac{C}{B-A} \times \frac{D}{C} \times \frac{10-E}{10}$$

A：第2次相続の被相続人が、第1次相続において課税された相続税額
B：第2次相続の被相続人が、第1次相続において取得した財産の価額
C：第2次相続における財産の価額
D：第2次相続において、その相続人が取得した財産の価額
E：第1次相続から第2次相続までの年数（1年未満の端数切捨て）

6 外国税額控除

　相続により海外にある財産を取得した者が、その海外財産についてその外国の相続税に相当する税が課税される場合には、その海外財産についてはその外国と日本との二重課税が生じることから、これを調整するために、その外国税額を相続税の計算にあたって控除します。

配偶者がいる場合

課税財産額	子どもの数			
	1人	2人	3人	4人
6,000万円	90万円	60万円	30万円	0万円
7,000万円	160万円	113万円	80万円	50万円
8,000万円	235万円	175万円	138万円	100万円
9,000万円	310万円	240万円	200万円	163万円
1億円	385万円	315万円	263万円	225万円
1億2,000万円	580万円	480万円	403万円	350万円
1億4,000万円	780万円	655万円	578万円	500万円
1億6,000万円	1,070万円	860万円	768万円	675万円
1億8,000万円	1,370万円	1,100万円	993万円	900万円
2億円	1,670万円	1,350万円	1,218万円	1,125万円
2億5,000万円	2,460万円	1,985万円	1,800万円	1,688万円
3億円	3,460万円	2,860万円	2,540万円	2,350万円
3億5,000万円	4,460万円	3,735万円	3,290万円	3,100万円
4億円	5,460万円	4,610万円	4,155万円	3,850万円
5億円	7,605万円	6,555万円	5,963万円	5,500万円
7億円	1億2,250万円	1億870万円	9,885万円	9,300万円
10億円	1億9,750万円	1億7,810万円	1億6,635万円	1億5,650万円

子どもだけの場合

課税財産額	子どもの数			
	1人	2人	3人	4人
6,000万円	310万円	180万円	120万円	60万円
7,000万円	480万円	320万円	220万円	160万円
8,000万円	680万円	470万円	330万円	260万円
9,000万円	920万円	620万円	480万円	360万円
1億円	1,220万円	770万円	630万円	490万円
1億2,000万円	1,820万円	1,160万円	930万円	790万円
1億4,000万円	2,460万円	1,560万円	1,240万円	1,090万円
1億6,000万円	3,260万円	2,140万円	1,640万円	1,390万円
1億8,000万円	4,030万円	2,740万円	2,040万円	1,720万円
2億円	4,860万円	3,340万円	2,460万円	2,120万円
2億5,000万円	6,930万円	4,920万円	3,960万円	3,120万円
3億円	9,180万円	6,920万円	5,460万円	4,580万円
3億5,000万円	1億1,500万円	8,920万円	6,980万円	6,080万円
4億円	1億4,000万円	1億920万円	8,980万円	7,580万円
5億円	1億9,000万円	1億5,210万円	1億2,980万円	1億1,040万円
7億円	2億9,320万円	2億4,500万円	2億1,240万円	1億9,040万円
10億円	4億5,820万円	3億9,500万円	3億5,000万円	3億1,770万円

第9章 贈与および贈与税

> **ポイント**
>
> 贈与税は相続税の補完税ですが、ここでは贈与税が「かかる」「かからない」などの基本事項を解説します。

1 贈与税とは

　贈与税は、相続税と密接な関連を維持することによって適切な課税を図ろうとする税制度で、個人から贈与により財産を取得した個人にかかる税金です。生前贈与により財産を取得した人に対してその贈与のときに相続税の前倒しとして課税する、これが「贈与税」です。

　そのため、「贈与税は相続税の補完税」といわれ、贈与税法という法律はなく、相続税法の中に贈与税が規定されています。

(1) 贈与税の申告制度と基本ルール

　贈与税は、贈与により財産を取得した者が、自ら贈与税の納税義務者となるかを確認し、その必要がある場合には自ら①贈与税を計算し、②申告書を作成して、③納税する「自己申告制度」となっています。

　その基本的なルールは次のとおりです。

① 納税義務者

　原則として贈与により財産をもらった個人（受贈者）について、1年間に贈与を受けた財産の合計額が110万円以下の場合には、申告義務や納税義務は生じません。逆を言えば110万円を超える場合には納税義務が発生します。

110万円以下	非課税
110万円超	納税および申告義務が発生

② 申告書の提出期限および提出先

110万円を超えてもらった人は、贈与を受けた年の翌年2月1日から3月15日までに、住所地の税務署に申告書を提出します。

この期限が土曜日、日曜日、祝日などに当たるときは、これらの日の翌日が期限となります。

③ 贈与税の納付方法

贈与税は、その申告期限までに、金銭一括納付を原則とします。実務上は、税務署備付の「納付書」に納税額を記入し、金融機関にて納付します。

(2) 贈与税がかかる財産

課税対象となる財産(課税財産)は、相続税の課税財産と同様ですが、100万円の価値のあるものを50万円で売却するなど実質的に贈与を受けた(この場合は50万円の贈与を受けたと判断)と同様と認められるものについては、みなし贈与として贈与税の課税対象となります。

(3) 贈与税がかからない財産

贈与により他の者へ財産が移転した場合であっても、その移転の性質または目的などからして贈与税を課税することが適当でない場合があります。そこで、贈与税の計算にあたって、以下のような場合は、贈与税を課税しないこととしています。

① 扶養義務者相互間における生活費の贈与

扶養義務者から通常の日常生活を営むのに必要な費用、養育費や治療費として取得した財産には原則として贈与税はかかりません。

② 法人からの贈与

贈与税ではなく、所得税の一時所得として課税されます。

③ 公職選挙の候補者が受けた贈与

④ 社交上必要と認められる香典など

⑤ 相続開始年分の贈与

　贈与税ではなく、相続税額の計算に含めて課税を行います。

2　贈与税の計算

　贈与税額の計算方式は、次に 2 つに大別されます。

① 暦年課税方式

　1 人の人が 1 月 1 日から 12 月 31 日までの 1 年間に贈与を受けた財産の合計額から基礎控除額 110 万円を控除して贈与税額を計算する方式です。通常はこの暦年課税方式となります。

② 相続時精算課税方式

　「相続時精算課税」を選択した贈与者ごとに累計で 2,500 万円までの特別控除額を控除した贈与税額を計算する方式

(1) 暦年課税方式

① 贈与税額の計算

　その年の贈与税額は、その年に贈与を受けた財産価格の合計額から基礎控除額 110 万円を控除した課税価格に税率を乗じて計算します。

贈与税額＝（贈与財産価格の合計額－基礎控除額 110 万円）×税率

---

　1 年間に贈与により取得した財産価格の合計額が 110 万円以下である場合には、贈与税は発生しませんし、贈与税の申告も必要ありません。なお、基礎控除 110 万円は、あげた人（贈与者）ごとではなく、もらった人（受贈者）ごとで計算します。

② 贈与税率

　暦年課税贈与に対する税率表は次にように、「20 歳以上の者への直系

第4部　相続税の申告・納税

尊属からの贈与」と「それ以外（一般）」の2区分となっています。財産額が大きくなるほど税率も高くなる超過累進税率となっており、最高は55%です。実務上は簡便な計算法として、次の速算表を使用します。

基礎控除後の課税価格	① 一般		② 20歳以上の者への直系尊属からの贈与	
	税率	控除額	税率	控除額
200万円以下	10%	0万円	10%	0万円
300万円以下	15%	10万円	15%	10万円
400万円以下	20%	25万円		
600万円以下	30%	65万円	20%	30万円
1,000万円以下	40%	125万円	30%	90万円
1,500万円以下	45%	175万円	40%	190万円
3,000万円以下	50%	250万円	45%	265万円
4,500万円以下	55%	400万円	50%	415万円
4,500万円超			55%	640万円

（2）相続時精算課税方式

　相続時精算課税制度の特徴は、相続税と贈与税を一本化したことです。贈与時にはとりあえず贈与税を課税しておきますが、「精算課税」とあるように、相続が発生した時点で、それまでの生前贈与財産を含めて相続税を計算し、すでに納付した贈与税額との差額を相続時に納付または還付します。

① 適用対象者

　贈与者は60歳以上の父母、祖父母であること、かつ、受贈者は20歳以上の子または孫であること。年齢については贈与があった年の1月1日時点で判定します。

② 申告手続

　相続時精算課税制度の適用を受けようとする者は、1回目の贈与を受けた年の翌年3月15日までに、「相続時精算課税選択届出書」を贈与税の申告書に添付して、所轄税務署に提出します。その後も、この制度

169

を選択した親子間で贈与があった場合には、その年ごとに贈与税の申告が必要になります。

　暦年課税方式と相続時精算課税制度のどちらで贈与税額を計算するかは、贈与者と受贈者との間で選択して適用することができます。したがって、父と子の間の贈与については、相続時精算課税制度を適用し、母と子との間の贈与については、暦年課税方式によって贈与税額を計算することもできます。なお、次の点に注意してください。

> ㋑ いったん「相続時精算課税選択届出書」を提出した場合には、撤回することはできない。
> ㋺ 「相続時精算課税選択届出書」を提出期限までに提出しなかった場合には、相続時精算課税制度の適用を受けることができない。

③ 贈与税額の計算

　相続時精算課税制度を選択適用した場合における贈与税額は、贈与を受けた財産価格の合計額が特別控除額 2,500 万円に達するまでは、贈与税はかかりません。

　そして、贈与財産価格の合計額が 2,500 万円を超えたときから、その超える部分について一律 20％の税率で計算した贈与税がかかります。

> 贈与税額＝（贈与財産価格の合計額－特別控除額 2,500 万円）×20％

　まとめると以下のようになります。

適用対象者	贈与者：贈与を受けた年の1月1日現在で60歳以上の父母、祖父母 受贈者：贈与を受けた年の1月1日現在で20歳以上の推定相続人である子および孫
適用対象財産	制限なし
適用手続き	相続時精算課税の適用を受けようとする最初の贈与の際の翌年2月1日～3月15日までに税務署に対し所定の届出書を提出すること

第5部

生前の相続対策

　相続税や贈与税など、財産の移転には多額の税金を納付するケースがあります。そこで、事前にスムーズな財産移転を考えたいものです。

　第5部では、遺言書の作成やその他生前に取るべき相続対策について解説します。

| 第1章 | **遺言書の作成** |

> **ポイント**
>
> 　相続対策として遺言書は一般的ですが、どのようなケースでどのような人が作成するといいのでしょうか。ここでは遺言書を作成したほうがいい人とはどんな人なのかを解説します。

1 遺言書作成

　遺言書は生前の相続対策として最も基本的な手段といえます。

　遺言書があれば、遺留分制度による一定の制限はあるものの、大部分の財産は遺言書を作った人（以下「遺言作成者」）の意思に従い、財産を引き継がせたい人に財産を引き継がせることができます。

　ただし、自筆証書遺言の場合、法律が定める方式を満たさないため無効となってしまうことがよくあるので、専門家に確認したり、公証人に作成してもらう公正証書遺言の利用を検討するとよいでしょう。

2 遺言書を作成すべきケース

　次のようなケースでは遺言書を作成しておいたほうがいいでしょう。

（1）相続人ではない人に財産を渡したい場合

　民法では、相続人の範囲が定められています。相続人に該当しないものに対して、相続財産を譲りたいと考えているのであれば、その者に相続させる旨の遺言を作っておく必要があります。

・内縁の夫、妻に財産を残したい場合
・相続人となるべき者がいない場合

第 5 部　生前の相続対策

- 亡くなった息子の妻に財産を残したい場合
- ユニセフや盲導犬協会に財産を寄付したい場合　など

(2) 相続人間でもめる要素がある場合

　相続人間において、相続方法に争いが生じることが予想できる場合には、あらかじめ遺言書を作成して相続方法を指定することで紛争を予防することをおすすめします。

- 不動産が相続財産のほとんどを占める場合
- 相続人がたくさんいる場合
- 子どもがいない場合
- 先妻との間の子どもがいて、再婚している場合
- 独立開業費用や新築費用等、まとまったお金を一部の子どもにあげている場合
- 自営業者で相続人のうちの 1 人を後継者にする場合
  など

(3) 相続手続きに支障が生じる要素がある場合

　遺産分割は、共同相続人全員で合意を形成することが必要となります。
　そのため、共同相続人の中に、行方不明者がいる場合や、認知症の人がいる場合には、遺産分割を円滑に行うことが困難となります。
　そこで、遺産分割を要せず、円滑に相続手続きを行うために、遺言書を作成しておくことが考えられます。

- 相続人の中に行方不明者がいる場合
- 相続人が認知症の場合

173

(4) その他のケース

　その他のケースとして、「病弱または障害を持つ家族がいる場合」「残されたペットの世話が心配な場合」などでも、遺言書が有効となります。

③ 自筆証書遺言作成のポイント

　自筆証書遺言は手軽に作れますが、形式不備により無効となってしまうことも多くあります。せっかく作成した遺言が無効とならないための、自筆証書遺言を作成する際の注意点は次のとおりです。

(1) 本文はすべて自書すること

　遺言書の本文はすべて自書（手書き）しなければなりません。自書が難しい場合には公正証書遺言により遺言することをおすすめします。なお、民法改正により、2019 年 1 月 13 日以降は、遺言書に添付する目録については自書が必要なくなったため、目録をパソコン等で作成したり、通帳等のコピーを添付すれば足りることになりました。ただし、偽造・変造を防ぐため、目録の各頁に遺言作成者の署名押印することが必要です。

(2) 署名があること

　署名は、戸籍上の氏名でなくても、遺言作成者が誰なのか特定できれば、ペンネームや芸名などでも認められます。しかし、住民票や戸籍など公的に証明可能な氏名で作成したほうが、遺言を執行する際の手間が軽減されます。

(3) 押印があること

　実印である必要はありません。認印はもちろんのこと、拇印や指印でも認められています。なお、遺言書の本文が複数ページにわたる場合、

第5部　生前の相続対策

1通の遺言書であると認められるかぎり、その一部に署名押印があれば足ります。

(4) 日付の記載があること

　作成年月日の記載がない遺言書は無効になります。「〇年〇月吉日」などという表記も作成年月日が特定できず無効になるので注意しましょう。

<table>
<tr><td>第2章</td><td>生命保険の活用</td></tr>
</table>

> **ポイント**　生命保険は他の相続財産と異なった性質を有しており、この性質を理解して活用することで、相続対策に活用することができます。生命保険をどのように活用すればいいかなど対策を考えてみましょう。

1　遺産分割対策

（1）公平な相続の実現

　一般的な家庭における相続財産といえば、自宅の土地建物と多少の預貯金という組み合わせが多いと思います。

　このような財産構成であれば、土地の価格が高いと、子どもが複数いる場合、公平な相続を実現することは困難です。

　そこで、預貯金の不足を補うために生命保険を活用する方法があります。長男に実家を相続させる代わりに、すでに独立している次男や姉や妹を生命保険金の受取人としておくのです。

（2）遺留分減殺請求への対策

　相続財産が家屋くらいしかなく、長男に相続財産を全部相続させるという遺言をしたとしても、他の相続人がいると遺留分減殺請求が行われ、遺志が全うされない可能性があります。

　そこで、生命保険金が相続財産ではなく受取人固有の財産と取り扱われるという性質を活かして、遺留分減殺請求へ対応する原資として生命保険金を活用できるように長男を生命保険金の受取人と指定しておくことが考えられます。これにより、長男は自宅を売却するなど相続財産の構成を変えることなく遺留分減殺請求に対応することが可能となり、遺志を全うすることができます。

第 5 部　生前の相続対策

なお、高齢であったり健康状態に問題があると、相続対策のために生命保険に加入できない場合があります。また、生命保険は、一般的に契約時の年齢が高くなるほど保険料が高くなります。そのため、生命保険を活用する場合は、早めに加入を検討することが肝要です。

2 相続放棄への対策

故人が多額の借金を抱えていた場合、相続人は相続放棄をすることが多いです。相続放棄すると借金を相続しない代わりに財産も一切相続することはできません。しかし、生命保険金が相続財産ではなく受取人固有の財産と取り扱われるという性質があるので、生前に相続人を受取人として指定した生命保険契約をしておけば、相続放棄をしたとしても生命保険金は相続人が受け取ることができます。

ただし、保険会社に支払う保険料の金額によっては、債権者を害する行為として保険契約が取り消される可能性があるので、注意が必要です。

3 生命保険の非課税枠の活用

150頁にあったように、相続税の課税対象となる生命保険金には、「500万円×法定相続人の数」の非課税枠がありますので、この非課税枠を有効活用することで、減税効果が発生します。

なお、生命保険金の受け取った場合、「被保険者」「保険料負担者」「受取人」が誰かによって、相続税、所得税、贈与税のいずれかが課税されることになります。具体的には**次表**のとおりです。

被保険者	保険料の負担者	保険金受取人	税金の種類
A	B	B	所得税
A	A	B	相続税
A	B	C	贈与税

第3章 信託の活用

ポイント

相続対策として信託を利用することもあります。ここでは、信託とは何か、具体的な活用方法などを解説します。

1 信託とは

信託とは、財産を有する者（**委託者**）が、自分の財産（**信託財産**）を特定の者（**受託者**）に移転し、特定の者が一定の目的（信託目的）に従い、財産の管理または処分およびその他の当該目的の達成のために必要な行為をすることをいいます。

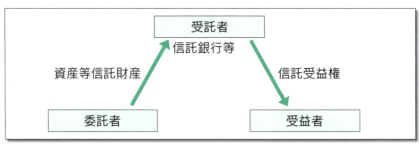

関係者としては、**委託者**や**受託者**のほかに、信託目的に従って財産を運用した結果得た利益を受ける**受益者**がいます。受益者は委託者と同一の場合（自益信託）と委託者以外の者の場合（他益信託）があります。

信託は、①信託契約による方法、②遺言による方法、③信託宣言による方法のいずれかの方法により設定されます。

2 認知症対策としても有効

財産を有している人が認知症になった場合、財産を管理・処分するた

めには成年後見人を就けることが一般的です。しかし、成年後見人は原則として本人のためにしか財産を管理・処分することができないため、本人の意向に関わらず、本人以外の者のために財産を支出することが困難でした。

これに対して、信託では、委託者および受益者に代わり、受託者に財産の管理・処分する権限が委ねられるため、信託目的であらかじめ定められていれば、委託者が認知症になった後でも、委託者の意向が反映された信託目的に従って財産の管理・処分を行うことが可能になります。

③ 跡継ぎ遺贈

遺言者が亡くなった際の財産の行方だけでなく、さらにその先の財産の行方を指定したいと考え、そのような内容の遺言（いわゆる跡継ぎ遺贈）が作成されることがあります。

> **自分が死んだら不動産はすべて甲に相続させる。その後甲が死亡したらその不動産はすべて乙に相続させる**

この場合、「甲に相続させる」という部分は有効ですが、「乙に相続させる」という部分は無効と考えられています。これは、相続により不動産を処分する権限が遺言者から甲に完全に移転しており、遺言者が指定できないと考えられるためです。

これに対して、信託では連続受益者（例えば、当初の10年間は甲を受益者、次の10年間は乙を受益者とすること）の設定をすることができるため、連続受益者を設定した信託により跡継ぎ遺贈を実現することができます。

ただし、延々と受益者を指定することを認めてしまうと、死亡した人が、自己の死後における財産の行方についてあまりにも大きな権限を有してしまうため、一定の期間制限がなされています。

また、信託によって財産が承継された場合も、遺留分を侵害するときには、遺留分減殺請求がなされる可能性があります。

4 信託を検討する際の注意点

信託は、これまでの制度では実現できなかったことを実現できる制度です。しかし、信託にもデメリットが存在する場合があるため、自分が行いたい相続対策に信託が適しているのかよく検討する必要があります。そのため、自分の行いたい相続対策が遺言など他の方法で簡単に実現できる場合には、信託を選択しないことが大切です。

また、信託を検討する際、税金が誰にいつどれくらいかかってくるかという観点が重要になってきます。特に、「みなし課税」には注意が必要です。したがって、信託について検討する際は、専門的知識を有する弁護士、司法書士や税理士などに相談するとよいでしょう。

第4章	成年後見制度の活用

ポイント

　成年後見制度は、判断能力が不十分な人（以下「本人」）の権利を守る援助者を選ぶことによって、本人を法律的に保護し、支援する制度です。ここでは成年後見制度の活用策について見ていきます。

1　不当な財産の減少を防ぐ

　成年後見制度は、本人死亡後の相続人を保護する制度ではありません。

　親族が後見人等になる場合も多いですが、後見人等になった以上、本人の財産は、あくまで「他人の財産」であるという意識を持つ必要がありますし、後見人等の財産と本人の財産とを混同しないで管理しなければなりません。

　また、本人の財産をその配偶者や子、孫などに贈与したり、貸し付けることは原則として認められていません。相続税対策を目的とする贈与等をすることも原則として認められません。

　したがって、相続対策を目的として成年後見制度を直接的に利用することはできないのです。

　しかし、以下のように、本人を保護し支援することによって、反射的・間接的に、相続人の利益となることはあります。

　成年後見制度によって、本人が、不当な損害や不利益を被ることを避けることができ、結果として、相続財産の保全を図ることが可能となります。

　特に、同居している家族が事実上の財産管理を行っており私的流用が疑われる場合に、成年後見の申立てをすることで、本人の財産が減少することを防ぐことができます。

181

2 副次的な効果

　本人のために本人所有の不動産を売却し、財産を金銭化した場合、結果として相続財産の分割が容易になって、相続の紛争防止に役立つことがあります。

第 6 部

経営者が万が一の場合
何をすればいいのか

　法人の経営者が亡くなった場合は、どのような手続き等を
しなければならないのでしょうか。登記の変更や新しい取締
役の選任など行うべきことはいくともあります。

　また、対策を何もしなかったケースについて、事例をもと
に解説します。

第1章 法人経営者が亡くなった場合

> **ポイント**
> 　法人の経営者が亡くなった場合にはどういった手続きをする必要があるのでしょうか。ここでは登記手続きなどについて解説します。

1 経営者が亡くなった際の登記手続き

（1）取締役の死亡のみを登記する場合

　取締役が亡くなった場合、株式会社の役員に変更が生じますので，管轄の法務局に対して、取締役が死亡した旨の株式会社変更登記の手続きを行う必要があります。

　株式会社変更登記を行う際に必要な書類は次のとおりです。

---

① 株式会社変更登記申請書
② 別紙（登記すべき事項）
③ 死亡届または法定相続情報一覧図の写し（死亡を証明する書類）
④ 委任状（代理人が申請する場合）

（2）新たな取締役を選任する場合

　亡くなった取締役の代わりに、新たな取締役を選任することがあります。特に、取締役会設置会社は、取締役を最低3名以上置かなければならないため，取締役が亡くなり2名になったような場合には、取締役会設置会社を維持するためには新たな取締役を選任することが必須になります。

　そのような場合、株式会社変更登記を行う際に必要な書類は次のとおりです。

第 6 部　経営者が万が一の場合 何をすればいいのか

変更登記申請書

Ver.1.6

受付番号票貼付欄

株式会社変更登記申請書

1．会社法人等番号　　000-00-000000

　　フリガナ　　　　　○○ショウジ
1．商　　号　　　　　○○商事株式会社

1．本　　店　　　　　○県○市○町○丁目○番○号

1．登記の事由　　　　取締役の変更

1．登記すべき事項　　別紙のとおりの内容をオンラインにより
　　　　　　　　　　　提出済み

1．登録免許税　　　　金 30,000 円（又は 10,000 円）

1．添付書類
　　　（辞任の場合）辞任届　　　　　　　　　　　　　　通
　　　（死亡の場合）死亡届又は法定相続情報一覧図の写し　　通
　　　臨時株主総会議事録　　　　　　　　　　　　　1 通
　　　株主の氏名又は名称，住所及び議決権数等を証する書面（株主リスト）
　　　　　　　　　　　　　　　　　　　　　　　　1 通
　　　就任承諾書　　　　　　　　　　　　　　　　　通
　　　印鑑証明書　　　　　　　　　　　　　　　　　通
　　　本人確認証明書　　　　　　　　　　　　　　　通
　　　委任状　　　　　　　　　　　　　　　　　　1 通

上 記 の と お り 登 記 の 申 請 を し ま す 。

　　　平成　　年　　月　　日

① 取締役会設置会社の場合

　取締役会設置会社において、死亡により取締役を変更する場合には、株主総会を招集し取締役の選任決議を行います。

　その後、代表取締役の変更がある場合には、取締役会を招集して代表取締役を選定します。その旨の登記を行う場合に必要な書類は以下のとおりです。

ⓐ 株式会社変更登記申請書

ⓑ 別紙（登記すべき事項）

ⓒ 死亡届または法定相続情報一覧図の写し（死亡を証明する書類）

ⓓ 株主総会議事録（取締役選任の決議）

ⓔ 取締役会議事録（代表取締役の変更がある場合）

ⓕ 就任承諾書

ⓖ 印鑑証明書（取締役 / 代表取締役が新たに就任する場合）

ⓗ 本人確認証明書（取締役が新たに就任する場合）

ⓘ 委任状（代理人が申請する場合）

---

② 取締役会非設置会社の場合

　取締役会非設置会社においても、株主総会を招集して取締役の選任決議を行います。代表取締役の変更を行う場合には、互選より代表取締役を選定するか、株主総会で代表取締役を選定することになります。

　取締役の互選により代表取締役を選定する旨の定款が定められている会社のケースでは、代表取締役変更の登記を行う場合に必要な書類は以下のとおりです。

ⓐ 株式会社変更登記申請書

ⓑ 別紙（登記すべき事項）

ⓒ 死亡届または法定相続情報一覧図の写し（死亡を証明する書類）

ⓓ 株主総会議事録（取締役選任の決議）

第6部　経営者が万が一の場合 何をすればいいのか

ⓔ 互選書（代表取締役の変更がある場合）

ⓕ 定款（互選によって代表取締役を選定する定めのあるもの）

ⓖ 就任承諾書

ⓗ 印鑑証明書（取締役 / 代表取締役が新たに就任する場合）

ⓘ 委任状（代理人が申請する場合）

2 相続株式の議決権行使

（1）法律の定め

　株式が2人以上の者に共有されているときは、共有者は、当該株式についての権利を行使する者一人を定め、株式会社に対し、その者の氏名または名称を通知しなければ、当該株式についての権利を行使することができません。ただし、株式会社が当該権利を行使することに同意した場合は、この限りではありません。

　法人の経営者が所有する株式については、その相続人らによって共有（準共有）されていたり共有状態にある場合は、当該株式について権利を行使する者を一人定めて会社に通知することで権利が行使できます。

　この権利行使者については、共有株式の共有持分の価格の過半数による多数決で決めることとなっています。

（2）権利行使者の指定および通知の手続き

　株式を準共有する相続人による実際の権利行使の手順としては次のようになります。

　まず、株式の相続人は、他の株式の相続人に対して権利行使者の指定・通知の手続きに参加するように求め、他の共同相続人との合議により権利行使者を決定します。

　しかし、一部の相続人が指定・通知の手続きに参加することを拒否ま

187

たは無視するような場合には、協議を行う日時および場所を合理的（参加できる日時場所等）に設定し、その相続人に通知することで、指定・通知の手続きに参加する機会を与えたうえで、株式の共有持分の過半数を有する準共有者だけで決議をし、権利行使者の指定・通知を行うことになります。

　要は、協議に参加できるようにしたにもかかわらず参加しないのであれば、他の相続人で決めた権利行使者について文句を言うことができないということです。

　ただし、形式的に協議をしているかのような体裁を整えただけで、実質的には全く協議をしていないといえる場合（例えばAを権利行使者にすることについての賛否しか聞かない場合など）には、権利行使者による議決権行使は権利濫用として無効となる場合があります。

　なお、権利行使者が適法に選出されていなければ、会社が権利行使を認めたとしても、有効とはなりません。

第2章 〈事例〉経営者が亡くなった場合の相続

> **ポイント**
> 相続対策を立てずに経営者が亡くなってしまうと、事業に必要な財産が相続人に分散してしまったり、後継者に事業を承継させたものの多額の税金がかかるなど、事業を継続することが困難となることがあります。ここではそうした一例を紹介します。

　相続対策を行わずに経営者が亡くなった場合、どのような状況になるのか、簡単な事例で説明します。

【事例】

A：鋼材販売会社X（資本金5,000万円、年商15億円、以下「X社」）の代表取締役社長。Aには、妻Bと子が3人いる。
B：妻、専業主婦。
C：長男、大手企業に就職→Aの事業には興味を示していない。
D：次男、大手企業に就職→Aの事業には興味を示していない。
E：三男、X社に就職し取締役兼営業部長→ゆくゆくは三男Eに事業を承継させる予定。

　こうした状況の中、Aは株式の一部を三男Eに取得させてはいたものの、他は具体的な対策を講じていなかった。
　X社の発行済株式総数1万株のうち、7,000株をAが保有し、残りは妻B・1,000株、三男E・2,000株を保有していた。
　X社は、本社の他に2つの支店を有するが、支店2ヵ所の不動産（土地および建物）はX社が所有者であったものの、本社の不動産（土

地および建物）はAが単独の所有者であり、X社に毎月90万円で貸し付けていた。

　また、一時、不況により利益を出すことが難しくなり、X社はAから3,000万円を借り入れて事業資金としており、Aへの未返済残額として1,500万円が残っていた。

　そんな折に、Aは遺言書も残さずに急死してしまった。

1 X社の株式

X社の株式（相続前）

資本金　　5,000万円

株式総数　1万株 ―――― A　7,000株
　　　　　　　　　　　― B　1,000株
　　　　　　　　　　　― E　2,000株

　Aは遺言を残していないため、保有する株式7,000株は、相続人全員で共有（準共有）することになります。つまり妻B、三男Eは当然としても、長男C、次男Dを含めた4人で7,000株を共有（準共有）します。

　遺産分割により確定的に持分が確定するまでの間(共有状態にある間)は、この共有株式の議決権の行使は,共有者の持分（法定相続分の割合）の価格に従い、その過半数で決せられます。言い換えると、共有状態の間は、全部の持ち分を取得しなくても、共有持分の過半数さえ確保すれば、共有株式全体の議決権を行使できる仕組みになっています。

　妻Bの法定相続分は2分の1なので,妻Bと長男Cや次男Dが結託してしまえば,過半数を確保することできます。妻Bの法定相続分は2分の1なので,妻Bと長男Cや次男Dが結託してしまえば,妻Bの合計3,500株（7,000株／2）と,長男C 1,166株（7,000株／6）と,次

男DのC 1,166（7,000株 / 6）を合わせて5,882株の議決権を行使でき，共有状態の株式7,000株の過半数を超えます。その結果，Aの相続財産で共有状態の7,000株の議決権を妻B，長男C，次男Dが自由に行使できるようになり，妻Bがもともと所有していた1,000株と合わせて合計8,000株の議決権を妻Bらが行使できてしまうのです。

　妻Bらが株主総会において、三男Eを取締役から解任したり三男E以外の者を取締役に選任してX社を乗っ取ってしまうことも可能となるのです。

2　本社の不動産（土地および建物）

本社の不動産（土地および建物）

（相続前）　　　　　　　　　　　　　　　（相続後）

Aの単独所有　　　　　⇒　　　妻B　　　2分の1

（本社建物）　　　　　　　　　長男C　　6分の1

　　　　　　　　　　　　　　　次男D　　6分の1

（本社土地）　　　　　　　　　三男E　　6分の1

　X社の不動産（土地および建物）は、Aの単独所有であるため、その相続人であるBCDEが相続し、遺産分割協議で取得分を決定するまでは、相続人らがその法定相続分に従って共有します。共有物は、その持ち分の過半数で賃貸借契約を解除する等の管理行為行うことができます。

　もし妻Bが単独で本社の不動産の2分の1の共有持分を取得するため、長男Cや次男Dと結託してしまえば、過半数の持分に基づき、X社に対して、賃貸借契約の解除を主張することも可能です。

　また、自らの共有持分自体の処分は単独でできるため、持分を売却したり、抵当権の設定をして借り入れを行ってしまう可能性もあります。

3 本社の賃料債権 90 万円

　遺産共有の状態にある不動産から生じる賃料債権は、その不動産を共有する相続人がその共有持分に応じて分割単独債権として取得します。

　前記 2 のとおり、X 社本社の不動産（土地および建物）は、BCDE が共有しますので、BCDE は、その共有持分に応じて X 社に対して賃料を支払うように請求することができます。すなわち、妻 B は 45 万円、長男 C は 15 万円、次男 D は 15 万円を X 社に対して賃料の請求が可能です（もちろん三男 E にも 15 万円の請求権が発生）。

　X 社がこの支払いを理由なく拒み続ければ、前記 2 のとおり BCD ら各相続人は、管理行為として賃料未払いに基づき賃貸借契約の解除することもできます。

4 貸付金 1,500 万円

　金銭債権は、遺産分割協議が成立するまでもなく、相続開始とともに当然に分割され、各相続人に法定相続分に応じて帰属します。

　A が X 社に対して貸し付けた現金の未返済分が 1,500 万円程残って

第6部 経営者が万が一の場合 何をすればいいのか

いますので、AがX社から回収するつもりがなかったとしても、相続人であるBCDEは、各法定相続分に応じてX社に請求できます。

　妻Bは750万円、長男Cは250万円、次男Dは250万円をX社に対して支払うように請求することができます（もちろん三男Eにも250万円の請求権が発生）。

　以上のとおり、Aが何らの相続対策を行わずに死亡してしまうと、後継者以外の相続人が事業用の資産を自由に処分してしまい、事業の継続自体が危ぶまれる事態になることも考えられます。

5 具体的な相続対策

　以上のような事態を避けるためには、相続対策が必須になります。

　先の事例のケースでは、まずは、生前贈与や遺言によって、後継者へ株式等の事業用資産を集中させることが必要です。ただし、後継者以外の相続人には遺留分があります。遺留分を侵害するような生前贈与や遺言をしてしまうと、後継者が遺留分侵害額を金銭で弁償しなければならなくなります。そのような場合に備えて、後継者に対する役員報酬を上げることによって、あらかじめ現金を用意しておくことも必要かもしれません。

　他にも、会社法の各種制度を活用することで後継者に株式を集中させることも考えられます。例えば、相続開始前に会社の定款変更を行い、相続人等に対する株式の売渡請求の制度を新設しておけば、後継者以外の相続人が相続によって取得した際に、株式を会社に売り渡すように求めることができました。

　また、株主総会における議決権の行使に制限を加えた議決権制限株式を利用した相続対策もあります。現経営者が持っている株式の一部を議決権制限株式に代えるか、議決権制限株式を新たに発行し、後継者には

議決権の制限のない普通株式を相続させる一方で、その他の相続人には議決権制限株式を相続させます。そうすることで、後継者以外の相続人の経営への関与を防止することができます。もっとも、それだけでは不満が出るでしょうから、配当優先株式を付けておく等の配慮も必要かもしれません。

　このように事前に対策することで、難なく事業を継続できるケースもあります。

　今回は、親族内の後継者に事業を承継する場合を例にあげ対策方法の一例を説明しましたが、具体的な事案によって相続対策は異なりますし、この他にも従業員等の中から後継者を選ぶ場合や、同業他社等にＭ＆Ａという手法で会社自体を売却する場合で相続対策は異なります。

　地域の商工会議所や中小企業基盤整備機構等では、事業承継について総合的なサポートを行っています。具体的な事案については、そのような専門機関に相談することが有効です。

第 7 部

金融機関としての
対応と手続き

　一般的に金融機関として預金者が亡くなった場合に行う手続きについて概略を説明します。金融機関ごとに預金者が亡くなった場合の対応は決められていると思いますので、必ず自行の取扱いを確認するようにしましょう。

1 預金者の死亡を確認したら

（1）死亡の事実の確認

① 相続人等からの申出により預金者の死亡の事実を知った場合

　預金者の死亡の事実を死亡届のコピーや戸籍謄本等で確認します。また、通帳の提示を受けることや提出を受けた資料から住所・生年月日が分かる場合には取引時に確認していた情報と照らして、預金者と亡くなった人との同一性を確認します。

　死亡届を提出してもらうか否かは、状況に応じて判断します。例えば、提出を受けた資料等により確実に死亡の事実が確認でき、手続きに支障がないようであれば、あえて死亡届を出してもらう必要はありません。

② 金融機関が独自に預金者の死亡の情報を把握した場合

　相続人等から預金者が死亡した事実の連絡がない場合でも、金融機関が独自に預金者死亡の情報を入手することはあります。

　この場合には、まず何よりも死亡の事実を確認することが先決になります。死亡の事実の確認の方法として、登録されている預金者の住所を訪問して同居している人や近所の人に様子を伺ったり、連絡を取れる親族に事情を聴いたりする方法などがあります。

　ただし、事実確認の過程で金融機関側から故人と取引関係にあったことを第三者に漏らしてしまうと、守秘義務との関係で問題となる場合があるので注意が必要です。

　事実確認が容易でない場合には、金融機関には調査権限があるわけではないので、無理に確認することは避けたほうがよいでしょう。

　死亡の事実が確認できれば、口座の凍結を行うことになります。

（2）口座の凍結

　死亡の事実が確認できたら口座の凍結を行います。

　口座の凍結とは、預金者が死亡してから相続手続きが完了するまで預

第 7 部　金融機関としての対応と手続き

金取引を制限することをいいます。

　相続人等の申出によって預金者死亡の事実を確認した場合には、口座の凍結を行うにあたり、相続人等に口座の凍結により制限される取引の内容を説明する必要があります。特に自動引落しや口座振替が停止される場合には、新たな自動引き落としや口座振替の手続きを行うことを相続人等にすすめます。

　なお、制限される取引の内容は金融機関によって異なりますので、必ず自行庫の取扱いを確認しておきます。

　また、金融機関が独自に預金者の死亡の情報を把握し口座を凍結した場合、相続人等が預金を下ろせないことをきっかけとして、金融機関に問い合わせをしてくることがありますが、口座凍結がなされていること、制限される取引の内容等を説明できるようにしましょう。

(3) 取引内容の確認等

　預金者死亡の事実を確認したら、預金者の取引内容（預金のほかに、融資取引や担保差入れ、保証の有無、貸金庫契約の有無や投資信託の取引、自動引落し口座振替の有無など）を確認します。

　また、取引内容に応じて関係部署へ預金者死亡の事実を通知し、金融機関内部で情報を共有するようにします。

② 取引履歴開示請求

　相続人から取引履歴の開示請求がなされることがあります。

　請求者が相続人であることを確認できる資料（戸籍謄本等）を提出してもらい、相続人であることが確認できた場合には、取引履歴を開示することになります。

　この場合、通常は手数料が必要になるので、その旨を説明しておくことが必要です。

197

なお、判例によって、相続人全員の同意がないことをもって取引履歴開示請求を拒否できないと判断されていますので、相続人の一部からの開示請求であっても、取引履歴全部の開示をしなければなりません。

3 相続手続きの説明

相続人等が相続手続きのために金融機関を訪れた場合には、相続手続きの流れや必要書類の説明を行います。

必要書類は金融機関によって異なりますので自行庫の取扱いを確認しましょう（預金の名義変更等で一般的に必要となる書類については、「預金関係の名義変更」28 頁を参照）。

特に、戸籍の収集については、必要な範囲が理解しにくいため、分かりやすく明確に説明しましょう。

なお、相続手続きの説明にあたって、来店者が預金者とどのような関係にあるのかは、きちんと確認しておきましょう。相続人や遺言執行者など預金取引の内容を開示してよい者であることが確認できるまでは、来店者からは情報の収集や一般的な手続きの説明にとどめて、預金取引の具体的な内容については金融機関側から説明するのは差し控えるべきです。

4 遺産分割前の預貯金の払戻し

民法（相続法分野）の改正により、遺産分割前に預貯金債権を払い戻す方法が規定され、2019 年 7 月 13 日までの政令で指定する日か施行されることになっています（詳細は「＜参考＞預貯金の払戻し」206 頁を参照）。

特に、家庭裁判所の判断を経ずに払戻しを認める方法については、相続人の 1 人から請求を受けた場合に、金融機関としてどのような書類

第7部　金融機関としての対応と手続き

を要求し、どのような場合に払戻しを認めるのかについて、あらかじめ
検討し決めておく必要があります。

5　亡くなった預金者にローンが残っていたら

(1) 通常のローン融資

　債務は当然に相続人に法定相続分の割合で帰属することになりますの
で、ローン融資が残っていた場合、今後は相続人に対して残ローンの返
済を請求することになります。

　したがって、誰が相続人となるのか確認を行い、相続人に対して通知
を送るなどします。

　相続人が相続放棄を行うことがあります。この場合には、相続放棄受
理証明書の提出を求め、確認ができた場合には、債務者から除きます。

(2) 住宅ローン

　住宅ローンを設定する際に、ほとんどの場合団体生命信用保険（以下
団信）に加入しています。団信に加入している場合、預金者死亡によっ
て生命保険会社から支払われる生命保険金がローンの残金支払いに充て
られて、ローンが完済となります。そのため、団信に加入しているか否
かを確認し、加入の確認ができたら生命保険会社に対して生命保険金請
求に必要な手続きを行います。

(3) 保証人・連帯保証人

　相続人がいない場合（相続放棄をした場合を含む）や相続人がいても
資力がなく返済の見込みがない場合には、保証人や連帯保証人に対して
残ローンを請求することになります。

　なお、預金者が第三者の保証人または連帯保証人になっていた場合、

199

保証債務は相続人に引き継がれるので、相続人に対して保証債務の履行を請求することができます。

参考

●自筆証書遺言の方式の緩和

　遺言は、これまでパソコンで作成したり、他人に代筆してもらったりすることが認められておらず、高齢者等にとって全文を自書することはかなりの労力を伴うことから、自筆証書遺言の利用を妨げる原因の一つともなっています。

　これが、2018年7月に民法（相続法分野）が改正され、自筆証書遺言の方式について、一定の緩和が図られました。この改正は、2019年1月13日から施行されます。

　どう変わるかというと、「その目録においては、自書することを要しない」とされたのです。つまり、目録に関しては次のような方法でも認められるようになったわけです。

① パソコン等で相続財産の目録を作成する

② 遺言者が他人に相続財産目録を作成してもらう

③ 相続財産を特定する書類（例えば、不動産の登記事項証明書、預貯金通帳の写し等）を添付する

　ただし、目録の偽造・変造を防止するため、目録の各頁（両面に目録が記載されている場合には両面とも）に遺言作成者の署名押印が必要（同項第2文）とされました。

　なお、自書が不要になったのは、あくまでも財産目録についてであり、遺言書の本文はすべて自書でなければなりません。

　また、2019年1月13日以前に作成された遺言については、従前どおり目録も含めて全文自書していなければ方式不備で無効になるので、注意してください。

参考

遺言書

一　妻春子に、別紙一の不動産を相続させる。
二　長男一郎に、別紙二の預金を相続させる。

平成 31 年〇月〇日

海法　勇　㊞

> 遺言書自体はすべて自書で作成する必要がある。

別紙一

目録

一　所　　在　〇〇市▲▲町一丁目
　　地　　番　１番
　　地　　目　宅地
　　地　　積　１２３．４５平方メートル

二　所　　在　〇〇市▲▲町一丁目１番
　　家 屋 番 号　１番１
　　種　　別　居宅
　　構　　造　木造スレート葺２階建
　　床 面 積　１階　４５．０１平方メートル
　　　　　　　２階　２３．４５平方メートル

海法　勇　㊞

> 目録の各ページに自筆で署名し押印する。

別紙二

※通帳のコピー

〇〇支店
店番　〇〇〇　　普通口座番号　〇〇〇〇〇〇〇
　　　　　海法　勇　様

普通預金通帳

〇〇銀行

海法　勇　㊞

> 目録はパソコンで印字するだけでなく、通帳や全部事項証明書のコピーを添付することもできる。

●自筆証書遺言の保管制度

　2018年7月に民法（相続法分野）が改正され、改正法の施行日（2020年7月10日）以降、自筆証書遺言については、法務局で保管ができるようになります。これが保管制度です。

　遺言者にとっては、自筆証書遺言を書いて大切に保管していても、死亡後に相続人らに発見されない等のおそれがありましたが、この制度により、安心して預けることができるようになります。

　保管の手順等は次のとおりです。

(1)	申請先の法務局	自筆証書遺言（以下「遺言書」）保管 ① 遺言者の住所地、②遺言者の本籍地、③遺言者が所有する不動産の所在地いずれかを管轄する法務局に申請 既に遺言書を保管中の法務局がある場合は新たな遺言書の保管もその法務局に申請。
(2)	遺言者の出頭、本人確認	遺言書の保管の申請にあたり、法務局に自ら出頭→本人確認書類の提示等 遺言者以外の者による自筆証書遺言の偽造等を防止
(3)	遺言書の様式	保管する遺言書は、定められた様式に従い、無封のもの
(4)	申請書、添付資料	申請書には、①遺言書作成年月日、②遺言者の氏名、出生年月日、住所および本籍、③遺言書に遺贈の受遺者や遺言執行者の指定を受けた者があればその者の氏名、名称、住所等を記載

(5) 手数料（収入印紙）	保管申請の手数料は、収入印紙で支払う。金額は、今後、政令により定める

　遺言者は、遺言書の保管されている法務局に自ら出頭して、いつでも、保管されている遺言書を閲覧できます。また、遺言者は、遺言書の保管されている法務局に自ら出頭して、いつでも、手数料を収めて、遺言書の保管の申請を撤回できます。この場合、遺言書が法務局から返還されるとともに、法務局のデータベースから遺言書に係る情報が削除されます。

　また、相続人等は、これまで、遺言者の自筆証書遺言を効率的に探す方法はありませんでしたが、保管制度により、自筆証書遺言が法務局に保管されていれば、保管の有無や自筆証書遺言の内容等について、検索することができるようになります。

●相続人以外の者の貢献を考慮する制度

　これまで、寄与分は、相続人のみに認められていたため、例えば、相続人の配偶者が、被相続人（亡くなった人）の療養看護に努め、財産の維持または増加に寄与した場合であっても、その配偶者は相続人ではないため、遺産分割手続きにおいて寄与分を主張できませんでした。

　2018年7月の民法（相続法分野）改正により、相続人以外の者の貢献を考慮する方策として特別寄与料の請求ができるようになりました。

　特別寄与料を請求できる特別寄与者は、被相続人の親族のうち、相続人、相続の放棄をした者、相続人の欠格事由に該当する者および廃除された者以外の者に限られます。

　ではどういった場合に請求ができるかというと、例えば相続人の配偶者（こうした人たちを特別寄与者という）が、被相続人に対して無償で療養看護その他の労務の提供をしたことにより亡くなった人の財産の維持または増加について特別の寄与をしたときは、相続の開始後、相続人に対し、特別寄与者の寄与に応じた額の金銭（特別寄与料）を請求することができるのです。

　請求期間は、相続の開始および相続人を知ったときから6ヵ月以内、または相続開始のときから1年以内とされ、それらを経過したときは、この請求ができなくなります。

　特別寄与料の金額は、家庭裁判所が「寄与の時期、方法および程度、相続財産の額その他一切の事情を考慮して」特別寄与料の額を定めることとされています。ただし、特別寄与料の額は、「被相続人が相続開始の時において有した財産の価額から遺贈の価額を控除した残額を超えること」ができません。

参 考

●預貯金の払戻し

　最近の最高裁判例の変更により、亡くなった人の預貯金は遺産分割を経なければ払戻しできなくなりました。しかしこれだと、葬儀費用や亡くなった人が組んだローンの支払いなどができないケースが出てくることも予想されます。

　そこで、民法（相続法分野）の改正により、遺産分割前に預貯金債権を払い戻す方法として、以下の2つを新たに設けられました。

1. 家庭裁判所の判断を経ないで払戻しを得る

　相続人らは、次の計算式により算定した金額（ただし、限度額150万円）まで、裁判所の判断を経ることなく、各金融機関に対し単独で預貯金を払い戻すことができるようになりました。

> 払戻しができる額　＝　相続開始時点の預貯金額 ×3分の1
> 　　　　　　　　　　　　× 各法定相続分

　例えば相続財産として預貯金が1億円あり、4つの金融機関に同額を預けている場合の妻、長男、次男のケースを考えてみます。

　法定相続分はそれぞれ妻（1/2）、長男（1/4）、次男（1/4）ですので、妻が払戻しをしようとした場合、2,500万円（1金融機関当たり）×1/3×1/2 ＝ 416万円となりますが、限度額を超えるので限度額の150万円までは払い戻すことができるのです。

　この方法で払い戻された預貯金は、それを取得した相続人が遺産の一部分割により取得したものとみなして精算されます。

2. 家庭裁判所の判断を経て仮に取得

　上記の方法では、払い戻せる金額に限度があり、大口の資金需要は賄えません。

参　考

　そこで、以下の要件を満たす場合に、裁判所の判断により、預貯金の全部または一部について相続人に仮の取得を認めることができると規定しました。
　①遺産分割の調停・審判が家庭裁判所に申し立てられていること
　②相続人が、亡くなった人の債務の弁済、相続人の生活費の支出その他の事情により、遺産に属する預貯金を払い戻す必要があると認められること
　③相続人が、上記②の事情による権利行使を申し立てたこと
　④他の相続人らの利益を害さないこと

　この方法の場合、実際にどの範囲で預貯金の仮分割が認められるのかは、裁判所がケース・バイ・ケースで裁量的に判断することになります。

著者略歴

奈良　恒則（なら　つねのり）

KAI 法律事務所代表・弁護士（第一東京弁護士会）、NPO 法人相続アドバイザー協議会専務理事。遺言作成・遺産分割調停・遺留分減殺請求訴訟・遺言無効訴訟など相続法務問題を多く手がける。

URL：http://sozoku.kailaw.com

佐藤　健一（さとう　けんいち）

税理士法人 JP コンサルタンツ社員税理士。JP 不動産鑑定代表。NPO 法人相続アドバイザー協議会副理事長。その専門性を生かし、相続に関する税務申告および鑑定評価に多くの実績を有する。

http://jpcg.co.jp/

佐藤　量大（さとう　ともひろ）

KAI 法律事務所・弁護士（東京弁護士会）。遺言作成・遺産分割調停・遺留分減殺請求訴訟・遺言無効訴訟など相続法務問題を多く手がける。

端山　智（はやま　さとし）

KAI 法律事務所・弁護士（東京弁護士会）・社会保険労務士。相続法務問題および社会保険を多く手がける。

髙橋　顕太郎（たかはし　けんたろう）

KAI 法律事務所・弁護士（東京弁護士会）。遺言作成・遺産分割調停・遺留分減殺請求訴訟・遺言無効訴訟など相続法務問題を多く手がける。

吉田　淳史（よしだ　あつし）

KAI 法律事務所・弁護士（東京弁護士会）。相続法務問題を手がける。

原　直希（はら　なおき）

KAI 法律事務所・弁護士（東京弁護士会）。相続法務問題を手がける。

イザというとき「頼り」になる本

2019 年 4 月 13 日　初版発行

著　者————奈良 恒則／佐藤 健一
発行者————楠 真一郎
発　行————株式会社近代セールス社
　　　　　　〒165-0026　東京都中野区新井 2-10-11
　　　　　　　　　　　ヤシマ 1804 ビル 4 階
　　　　　　電　話　03-6866-7586
　　　　　　ＦＡＸ　03-6866-7596
印刷・製本————株式会社木元省美堂
装丁————井上　亮

©2019 Tsunenori Nara／Kenichi Sato

本書の一部あるいは全部を無断で複写・複製あるいは転載することは、法律で定められた場合を除き著作権の侵害になります。

ISBN978-4-7650-2135-7